Widmung

Ich möchte dieses Buch, was hoffentlich vielen Menschen hilft und Klarheit schenkt, einem Datum widmen. Den 13.09.1980 . Dieses Datum war es, was mich inspirierte und animierte, stets aufs Neue motivierte, in dieses höchst komplexe Thema einzutauchen und mich nun einige Jahre damit auseinanderzusetzen. Ich hätte vorher nie geglaubt, dass so viele Menschen auf dieser Erdkugel in diesem Bereich einem Defizit unterliegen. Auch im Namen meiner Familie und den vielen Menschen, denen ich die letzten Jahre etwas helfen konnte, möchte ich mich ganz herzlich bedanken.

Uwe Feitisch

Selbstliebe

Das globale Defizit

Bibliografische Information der Deutschen Nationalbibliothek:
Die Deutsche Nationalbibliothek verzeichnet diese Publikation
in der Deutschen Nationalbibliografie; detaillierte bibliografische Daten sind im Internet über www.dnb.de abrufbar.

© 2018 Uwe Feitisch

Herstellung und Verlag:

BoD – Books on Demand, Norderstedt

ISBN: 9783746043715

Uwe Feitisch, geboren im Mai 1974 in Hannover, wohnhaft in Barsinghausen, 1 Sohn

Inhalt

Vorwort 10
Einleitung 14
Das Innere Kind 22
Was ist Selbstliebe? 29
Liebe gibt... 34
Warum Selbstliebe wichtig ist 38
Das globale Defizit 49
In die Selbstliebe 58
Liebe DICH 78
Liebst du schon, oder spielst du noch? 98
Liebe IST 102
Verlustangst 107
Verzeihen 117
Vertrauen 120
Liebe als Kraftquelle 128
Der Narzisst 134
Glücklich sein 158

Angst	161
Wechsel der Perspektive	171
Interpretationen in der Liebe	182
Weisheit	187
Bewusstsein	191
Schwarz und weiß	200
Sei anders, sei ein Licht!	213
Fülle und Mangel	231
Schlusswort	246
Danksagung	248

Vorwort

Selbstliebe? Habt ihr dieses Wort schon einmal gehört?

Warum sollte man sich selbst lieben? Ist das so etwas wie ein ausgeprägter Egoismus, oder wie darf man diesen Begriff verstehen? Man liebt ja Vieles in der Regel, seine Eltern, seinen Partner, sein Kind oder seine Freunde, aber sich selbst? Wozu sollte das gut sein?

Man sieht schon, Fragen über Fragen und so ganz selbstverständlich ist der Begriff „Selbstliebe" bisher gesellschaftlich nicht. Manche nennen ihn auch „Eigenliebe", doch in der Regel hat man bisher davon noch nichts gehört, auch wenn im Bereich der Persönlichkeitsentwicklung immer mehr mit der „Selbstliebe" gearbeitet wird.

Ich möchte nun in diesem Buch versuchen, den gesamten Bereich der Selbstliebe sichtbar werden zu lassen, ihn erklären und ganz besonders möchte ich auf die Möglichkeiten und Potentiale eines Menschen eingehen, der sich voll und ganz selbst liebt. Und wie er dorthin gelangt.

Seit Jahren nun begleitet mich die Selbstliebe in meiner Arbeit mit Menschen, für mich stellt sie eine Art Universal-Schlüssel dar, der viele psychologische

Techniken zusammen fasst und sie in einen authentischen Automatismus umwandelt.

Muss man sich denn unbedingt selbst lieben um glücklich zu sein? Nun, sich selbst zu lieben ist im Grunde ein ganz natürlicher Zustand, eine Konsequenz dessen, sich selbst erst einmal kennen gelernt zu haben. Da darf man ruhig einmal an den oder den potentiellen Partner denken. Man mag oberflächlich in ihn verliebt sein, weil er etwas darstellt oder aber man liebt ihn wahrhaftig und tief. Das aber passiert nicht, wenn man den Partner überhaupt gar nicht kennt und so ist es auch bei sich selbst. Man kann sich nicht selbst lieben, wenn man sich selbst gar nicht kennt. Man meint sich zu kennen, man hat schon mal auf sich geschaut und das Ergebnis war ganz ok. Dennoch, ist ein Mensch wie er ist, mit verschiedenartigen Eigenarten und Attributen. Doch diese haben eine Vorgeschichte, sie sind nicht einfach so da, sondern sie sind im Laufe des Lebens entstanden und weil das so ist, weiß der Mensch in der Regel nicht, was nun genau eine eigene Authentizität darstellt. Das was er heute sehen und deuten kann, oder das, was er eben nicht mehr sehen kann!

Daher ist allein die Einschätzung sich selbst zu lieben oder nicht, vielschichtig! Man kennt das ja aus seinem Umfeld „Der ist eben so." oder „So war er schon immer", aber ist das wirklich so? Ist man denn zu sich selbst authentisch, wenn man sich z.B. eingesteht „dann bin ich eben ein cholerischer Mensch!" ?

Fragen über Fragen, die sehr viel tiefer gehen als man meint!

Da ich davon ausgehe, dass dieses Buch nicht unbedingt gelesen wird, wenn man den Prozess zur Selbstliebe bereits hinter sich gelassen hat, werde ich versuchen, möglichst viele potentielle Situationen zu beschreiben, wo man hoffentlich seinen „Ist-Zustand" wieder findet. Ich schreibe aus meinen Erlebnissen mit Menschen, daher seid euch sicher, egal wobei ihr euch womöglich wieder erkennt, ihr seid damit nicht allein!

Dieses Buch beinhaltet keine Geheimnisse, sondern es legt lediglich Dinge offen dar, die sowieso bereits vorhanden sind. Dinge, wo die Existenz noch im Nebel liegt, nicht sichtbar ist. Es ist mir ein Bedürfnis dieses Buch zu schreiben und ich hoffe, ich kann damit viele Menschen erreichen, denn alles ist im Grunde so einfach. Ja es hat Gründe, warum sich ein Mensch nicht liebt, vielleicht hasst er sich sogar, bestraft sich selbst oder fügt sich selbst Gewalt zu. Darauf möchte ich hinaus, die endlose Entschuldigung und Ausrede, in Form von Eltern, Kindheit und Schicksalsschlägen, die muss nicht sein und ich hoffe, ich kann es für Jeden sichtbar und begreiflich machen. Das ist mein Anliegen, dass ist das Ziel dieses Buches.

Ich wünsche euch allen viel Freude beim Lesen.

Euer

Uwe Feitisch

Einleitung

Zuerst einmal möchte ich auf den Ursprung eingehen, warum ein Mensch in der Regel nicht weiß, ob er sich denn nun selbst liebt oder nicht.

Er wird geboren und sein Verstand ist erst einmal leer, doch mit dem ersten Tag seines Lebens beginnt der Mensch, seine Umgebung wahrzunehmen. Das passiert zunächst einmal unbewusst, auch wenn er durchaus bereits frühzeitig mit Traurigkeit oder Freude reagiert, doch eine Wahrnehmung interpretieren kann ein Kleinkind noch nicht, das kommt erst später dazu.

Und so sammelt und sammelt der Mensch die Eindrücke aus seiner Umgebung, ganz besonders nah sind ihm dabei in der Regel die Eltern bzw. eine unmittelbare Bezugsperson wie z.B. eine Oma oder eine Nanny. Nach ein paar Jahren kann ein Kind zwar mittlerweile interpretieren, jedoch kann es noch nicht differenzieren. So wird alles das, was man aus seinem direktem Umfeld wahrnimmt zu einer unumstößlichen Wahrheit. Ob das tatsächlich so ist oder nicht, spielt dabei erst einmal keine Rolle.

Jetzt muss man zuerst einmal eines verstehen, sämtliche Menschen aus dem Umfeld eines Kindes waren selbst einmal Kinder, auch sie nahmen damals die Informationen aus ihrem Umfeld wahr und in der Regel haben sie ihr Leben lang nicht nach Innen gesehen, um zu überprüfen, ob denn auch alles seine Richtigkeit hat, was sie so im Kopf haben. Und so kommt es, dass über eine Vielzahl von Generationen etwas weitergetragen wurde, was letztendlich nicht überprüft und differenziert wurde. Und wenn man bedenkt, dass jeder Mensch seine eigene authentische Signatur besitzt, kann man sich in etwa vorstellen, welch Kauderwelsch zum Teil weitergetragen wird.

Wenn einem von den Eltern Informationen suggeriert werden, dann entwickeln sich in einem Menschen Glaubenssätze, die er ungeprüft als wahr deklariert. Aus diesen Glaubenssätzen heraus fängt der Mensch an zu interpretieren und entwickelt persönliche Ideologien. Diese Ideologien wiederum hält der Mensch nach einer gewissen Zeit für seine Persönlichkeit und um diese neue Persönlichkeit herum, kreiert er Werte, Moralvorstellungen etc. .

Um das auf die Schnelle zu verstehen, schaut euch einfach mal um in der Welt und ihr werdet feststellen, das Werte höchst unterschiedlich ausgelegt sind. Teilweise haben ganze Kulturen und Regionen ihre eigenen Werte, die sie übrigens mit allem verteidigen was sie haben, bis hin zu Krieg oder Mord und Totschlag. Doch das neugeborene Kind hatte diese

Werte noch nicht in sich, das gilt es erst einmal zu verstehen.

In dieser schnelllebigen und Reiz überflutenden Welt kommt der Mensch in der Regel nicht auf die Idee, nach Innen zu schauen und sich selbst einmal zu überprüfen. Der Gedanke dahin kommt nicht, man agiert jahrelang ohne sich darüber Gedanken zu machen. Es sei denn, es passiert etwas, was diesen Kreislauf unterbricht. Etwas, was den bisherigen Inhalt der Psyche überlagert.

Das kann vieles sein, vielleicht häusliche Gewalt, Missbrauch, Vernachlässigung oder eben auch Krankheiten oder Schicksalsschläge. Alles was eine Art von Traumata nach sich zieht. Das wird auch oftmals im Unterbewusstsein verdrängt, aber wenn es präsent ist, dann ist es präsent und geht auch nicht mehr!

Das können Gründe sein, warum Kinder oder auch Teenager sehr frühzeitig nach Innen schauen und das Ergebnis wird sein, das man sich nicht selbst liebt! In einem „normalen" Lebensverlauf entwickelt sich eine Selbstreflexion in der Regel eher jenseits der 30. Aber wann es auch beginnt, es entwickelt sich positiv gesehen eine höchste Sensibilität, wie auch negativ gesehen, eine fehlende Liebe gegenüber sich selbst. Und das ist ganz normal, ein ganz normaler Verlauf!

Wenn du also heute zu dir sagst, dass du dich nicht liebst, nicht liebevoll oder wertvoll wärst, bist du in diesem Fall bereits authentischer als Millionen von Menschen, die eben mit einer Reflexion gegenüber sich selbst noch gar nicht begonnen haben. Das sollte dich erst einmal ermutigen und im Laufe dieses Buches solltest du für dich selbst herausfinden, ob es denn der Wahrheit entspringt, was du so über dich denkst!

Aber ich kann dir auch jetzt schon versichern, dass es nicht die Wahrheit darstellt!

Was du verstehen darfst, ist wenn ein Mensch nach Innen blickt, sieht er immer zuerst das Negative, das ist ganz normal. Das liegt daran, dass der Mensch wenn er nach Innen blickt, eine Art Kreislauf durchbricht. Er fängt an Gefühle zu definieren und vergleicht diese mit den Suggestionen, die er im Verlauf des bisherigen Lebens wahrgenommen hat.

Und da ein Mensch im Inneren absolut individuell ist, ist der erste Eindruck, dass man außerhalb der Norm läuft und man hält sich für nicht normal! Aber man liebt seine Eltern, es ist das Nest, aus dem heraus man ebenfalls geliebt werden möchte. Es kommt an die Oberfläche, was die Eltern darstellen und was sie vom Kind verlangt haben. Und das hat man nicht erfüllt, ist dabei der erste Gedanke! Es kommt alles hoch, jede Strafe, jeder Hausarrest und immer mehr nehmen die Gedanken dabei überhand, dass man die Erwartungen nicht erfüllt habe. Man entwickelt sogar Verständnis dafür, nicht geliebt zu werden.

Das Kuscheln, die Küsse, die Wärme etc. der Eltern fallen in dem Moment hinten runter, sie werden sekundär präsent. Das ist mehr als interessant, bei den eigenen Eltern überwiegt der negative Blickwinkel, auf die Eltern von Freunden usw. schaut man dagegen positiv, dort sieht man die Küsse und Wärme als erstes. Und vergleicht mit zu Hause und wird noch einmal bestätigt, dass man etwas mehr tun müsse, um geliebt zu werden!

Und so verfolgen Menschen bewusst oder unbewusst meist den Werdegang ihrer Eltern. Betreiben den selben Sport wie die Eltern damals, sind in den gleichen Institutionen tätig oder aber sogar im selben Beruf. Es sei denn die Eltern haben irgendwann einmal geäußert, sie wünschen sich vom Kind, dass es einmal dies und jenes wird und darstellt. Das verfolgt man, man möchte seine Eltern stolz machen, dabei läuft man nur der Liebe hinterher.

Und wenn das dann nicht so hinhaut, wenn sowohl deine Eltern als auch du selbst, gegenteilige Vorstellungen voneinander habt, dann kühlt sich das

Verhältnis ab. Was aber bleibt ist das Gefühl, nicht geliebt worden zu sein, nicht liebevoll und wertvoll genug zu sein, die Erwartungen nicht erfüllt zu haben. Und aus diesem Grund liebt sich ein Mensch nicht!

Ja, sein Blickwinkel nach Innen war dabei verklärt, aber das weiß er in der Regel nicht!

So steht man dann da! Man verfolgt dieses Thema bewusst nicht weiter, unbewusst allerdings schon. Bedeutet, man fühlt sich nicht ganz, die Liebe muss von Außen zu einem kommen! Um all das zu kompensieren, was einem fehlt! So entwickelt sich ein Brauchen, welches man all zu schnell mit Lieben verwechselt! Eine Beziehung mit einem Partner muss her, möglichst permanent, oft auch mehrere Kinder und ein paar Tiere etc. ... doch all das verläuft nicht reibungslos, denn man ist noch nicht in der Selbstliebe.

Man kompensiert, aus der Selbstliebe heraus ist die Liebe komplett gebend, nicht nehmend. Das bedeutet, man „überliebt" auf den ersten Blick seine Partner, Kinder, Tiere, nur tut man es eben für sich, um sein persönliches Vakuum nach Liebe zu stillen. Doch jedes Brauchen ist kein ewiger Zustand, denn man verbraucht sich. Denn wenn sowohl Partner als auch Kinder die Positionen der Eltern deckeln müssen, beginnt eine Überforderung.

Es kommt immer wieder und immer öfter zu Trennungen, Partner gehen und Kinder sind lieber beim Nachbarn als zu Hause. Und man leidet, man leidet so schrecklich, besonders bei dem Verlust des Partners, es scheint alles wegzubrechen!

Das sind alles Dinge, wo die Liebe zu sich selbst noch nicht in natürlichen Bahnen verläuft und deshalb ist mir dieses Thema als Autor auch so wichtig. Weil es sich flächendeckend über die ganze Welt verteilt und ich mir so oft denke, das es so nicht sein müsste.

Sicherlich gibt es noch weitere Bereiche, wo sich fehlende Selbstliebe sichtbar macht und wo es nur all zu schnell in den Bereich von Depressionen abdriftet, wenn etwas nicht so klappt, wie es soll. Wenn der potentielle Partner, den man so dringend braucht und nach dem man lechzt, partout nicht kommen mag. Wenn man den Job, den man so dringend braucht, um zumindest nach Außen etwas positives darzustellen, nicht zu finden ist und noch mehr Bereiche, die ich im Verlauf dieses Buches ansprechen werde.

Nur, das man überhaupt erst einmal sieht, wie wichtig die Selbstliebe für jeden Menschen ist. Sie ist alles andere als unwichtig, denn wenn sie fehlt, spiegelt sich das permanent in jedem Bereich seines Lebens wieder und genau das muss nicht so sein!

Alles beginnt bei euch als Kind, ab dem Beginn eurer bewussten Wahrnehmung entwickelt sich auch euer Ego, was vieles überdeckt und überschattet. Ihr werdet erwachsen, doch das Kind in euch bleibt, es wird zum „Inneren Kind" und man ist sich in der Regel nicht bewusst, wie sehr man doch immer und immer wieder aus Diesem agiert und reagiert.

Das Innere Kind

Dieses Kapitel möchte ich gern separat für das „Innere Kind" nutzen, um es euch erst einmal verständlich zu machen, denn ein Mensch, der sich nicht selbst liebt, sieht seinen Blickwinkel aus der Sicht des Kindes. Das ist immer so, daher hier nun erst einmal...

Was ist das „Innere Kind"?

... eine Begrifflichkeit, die den Kernpunkt jeglicher Persönlichkeitsentwicklung darstellt.

Doch ist denn das „Innere Kind" als negativ anzunehmen? Was ist es überhaupt?

Nun, ein Mensch wächst im Laufe seines Lebens in allen Bereichen und das eben nicht nur körperlich. Und wie eine Schuhgröße 30 einem erwachsenen Menschen nicht mehr passt, so passen auch nicht mehr verschiedenartige Glaubenssätze, die man einmal als Kind gebildet hat.

Das „Innere Kind" trägt zuerst einmal absolut jeder Mensch in sich, der Eine etwas ausgeprägter als der Andere. Und das ist ganz normal!

Zuerst einmal kann man das „Innere Kind" auch das „wahre Selbst" nennen. Denn ein Kind fühlt, es denkt noch nicht allzu viel und ist dadurch absolut authentisch. Es hat Kreativität in sich und so viele andere schöne Dinge, die einem Erwachsenen oftmals ab gehen. Ein Kind nimmt absolut unverschleiert wahr und ist dadurch befähigt, seine Sinne im gesamtem Potential zu nutzen. Doch gibt es eben auch noch die Kehrseite, bei der nicht nur Potentiale quasi in der Kindheit „vergessen" werden, es bildet sich auch in verschiedenen Bereichen ein Wachstumsstopp und der funktioniert folgendermaßen:

Ein Kind bildet durch die Wahrnehmung seiner Umgebung Glaubenssätze. Bedeutet, eine Wahrnehmung wird bewertet und beurteilt, aus der Sicht des Kindes! Im Normalfall reflektiert der Mensch im Laufe der Jahre diese Glaubenssätze, löscht sie, oder verändert sie auch und passt sie der Sichtweise eines Erwachsenen an!

Doch ein Teil dieser Glaubenssätze verschwindet auch im Unterbewusstsein, wird für einen selbst quasi unsichtbar. Das muss nicht immer ein Traumata sein, es reicht, wenn im Laufe des Lebens keine Situation entsteht, aus der man einen bisherigen Glaubenssatz überprüft.

Und so bleibt ein gewisser Teil in einem selbst zurück, das „Innere Kind".

Ein Kind braucht in jungen Jahren sehr viel Energie von Außen, Liebe und Aufmerksamkeit, ein Erwachsener braucht das genau nicht! Um zu bekommen, was es will, zeichnet sich ein Kind durch verschiedene Dinge aus. Es will haben! Es will besitzen! Es ist eifersüchtig, wütend, traurig und ganz besonders gefällt dem Kind das Wort „Nein" ganz und gar nicht!

Das können alles Anzeichen der inneren Kinder sein und ich bin mir sicher, ihr alle hier kennt bestimmt eine Menge erwachsener Menschen, die sich durch die Attribute eines Kindes auszeichnen, oder? Ich denke ihr kennt eine Menge!

Wenn euch nun heute euer inneres Kind leitet, wenn ihr dadurch ständig in Konflikten seid, wenn ihr bei Banalitäten hochgradig verletzlich reagiert und wenn dadurch Beziehung für Beziehung immer wieder in die Brüche geht, dann fangt an zu reflektieren.

So tut das jeder Mensch. Der Eine mit 30, der Andere mit 70 oder noch ein Anderer erst auf dem Sterbebett. Aber jeder Mensch wird irgendwann reflektieren!

Es frühzeitig anzugehen, wäre sehr empfehlenswert und steigert die Lebensqualität!

Ich möchte dazu einmal ein Beispiel geben, wie es aus dem „Inneren Kind" heraus aussehen könnte, ich schreibe das mal etwas provokant, das werde ich im Laufe dieses Buches auch noch öfter tun. Wohl bewusst und nicht böse gemeint.

Wie konnte dich dieser Mensch nur jemals so verletzen?

... das fragst du dich, Tag ein, Tag aus und womöglich schon Jahr für Jahr!

Dieser Mensch ist das größte Arschloch der Nation, das weiß du ganz genau, oder nicht?

Millionen von Menschen ergeht es so, meist in der Liebe, in Beziehung und Partnerschaft. Doch auch in der Familie, unter Freunden oder unter Arbeitskollegen zeigt man sich verletzlich! Und so oft geht es gar nicht darum, dass der Mensch selbst bösartige Intrigen gesponnen hat. Das kommt zwar auch vor, allerdings seltener dort, wo man bereits einmal eine gewisse Nähe zueinander hatte.

Meist geht es nur um ein Wort und das lautet...

NEIN

... du bekommst nicht das, was du möchtest! Man möchte nicht so, wie du willst!

Und das schließt alles mit ein! Man beendet z.B. eine Partnerschaft oder eine Ehe. Natürlich freut sich die Person nicht darüber, die zurück bleibt, doch was hat der Partner denn da getan? Er sagte JA zu sich selbst, er sagte NEIN zum Partner.

Doch nun ist er das Arsch. Alle Freunde und Freundinnen stehen hinter dir, bestärken dich in deiner These, das du so sehr verletzt wurdest!

Doch wenn man als erwachsener Mensch mit dem Wort „NEIN" nicht umgehen kann, dann sollte man es schleunigst erlernen, denn es sind ausschließlich die trotzigen inneren Kinder, die mit diesem Wort ihr Problem haben!

Aus dem Ego heraus sieht man immer nur sich selbst! 100 Menschen könnten dich auf der Straße ansprechen und wollen etwas von dir, vielleicht deine Nähe/Partnerschaft/Liebe. Vielleicht bitten sie dich auch einfach nur, ob du ihr Auto waschen magst. Du bist teilweise höchst empört, natürlich sagst du NEIN, hundertmal sagst du das! Und kein einziges Mal ist es dir wichtig, ob einer dieser 100 Menschen in Tränen ausbricht, ob du ihn womöglich tief verletzt hast.

Es interessiert dich nicht die Bohne!

Und weiß du was? Das muss es auch nicht! Es war dein gutes Recht „Nein" zu sagen!

Wäre es nicht schlimm, wenn du oder der Mensch an sich, kein Recht mehr darauf hätte, auf ein ganz stinknormales NEIN? Wenn du für dieses Wort gegeißelt und angeprangert wirst? Wenn du der große Bösewicht bist, das große Arschloch? Willst du das?

Nein, das willst du nicht!

Dann verstehe eines, wenn dich ein NEIN so sehr verletzt, dann hat es überhaupt rein gar nichts mit dem Anderem zu tun. Es hat nur etwas mit dir zu tun! Da kannst du jetzt vor Wut schäumen, aber das ändert rein gar nichts an dieser Wahrheit!

Reflektiere das in dir! Es wird Zeit, denn du bist nicht mehr das Kind!

Na, konnte ihr euch oder einen Bekannten vielleicht in diesem Beispiel wiederfinden? Natürlich war das nur ein kleiner Anriss, wie das „Innere Kind" bei einer erwachsenen zum Ausdruck kommen könnte. Ich werde im weiteren Verlauf noch öfter und auch noch tiefer auf das „Innere Kind" eingehen. Aber jetzt und für die weiteren Kapitel ist es erst einmal wichtig, erst einmal ganz grob zu wissen, was ich unter diesem Begriff meine. Ich behandele das Thema des „Inneren Kindes" nicht spezifisch in diesem Buch, daher gehe ich dort separat nicht ganz in die Tiefe. Aber es gehört zum Thema „Selbstliebe" und es ist auch wichtig!

Alles was du willst...

... ist Beständigkeit.

Etwas Festes, an was du glauben kannst.

Was dich morgens wach küsst und dich abends in den Schlaf wiegt...

... dir das Gefühl eines geborgenen Kindes schenkt.

Am Ende einer Suche...

... nach diesen einen Stern im Nachthimmel.

So lange warst du stark, musstest alles auch für Andere stets mit bedenken.

Sich wieder in Geborgenheit schwach fühlen dürfen...

... in der Gewissheit, dass Jemand über dich wacht.

Was ist Selbstliebe?

Vielleicht denkt ihr, die Interpretation von Selbstliebe und Egoismus, läge in seinen Handlungen im Außen, doch Selbstliebe ist viel viel mehr!

Ich schmücke es jetzt nicht komplett aus, doch ich bin mir mehr als sicher, euer Verständnis von Selbstliebe ist nicht ansatzweise das, was sie eigentlich verkörpert! „Selbstliebe", ein Wort, ein Begriff, der dazu anregt, sich ganz einfach etwas mehr zu lieben. Das meint ihr!

Ihr beschäftigt euch mit diesem Begriff, weil ihr in der Regel auf euer bisheriges Leben schaut. Ihr wurdet unterdrückt, verarscht, nicht für voll genommen.. meint euch zu wenig abgegrenzt zu haben und wurdet verletzt, habt Schmerzen erlebt!

Weil ihr zu wenig von euch haltet, das ihr euch vor dem Spiegel ganz einfach nicht toll findet!

Affirmationen sind nun ein probates Mittel, oder? Ihr sagt hundert Mal am Tag „Ich liebe mich!" oder ihr stellt euch vor dem Spiegel auf und sagt euch „Mein Gott, was bin ich schön!" So in etwa. Und ein paar Stunden, vielleicht sogar ein paar Tage hält es, doch dann geht es wieder! Warum? Weil ihr die Pflanze an der Oberfläche pflegt, ihr sie schneidet, sie begießt, aber nicht auf die Wurzel achtet! Doch sie ist der Ursprung, aus ihr entstammt alles! Die Qualität eines Blattes einer Blume, hat immer ihre Qualität in der Wurzel selbst!

Mein Verständnis und Ansatz von Selbstliebe, ist daher ein völlig anderer!

Selbstliebe ist unsere Quelle, unsere ganz natürliche Quelle! Ist sie einmal entfacht, wirkt sie in uns wie ein Reaktor, der immer wieder Liebe produziert und der auch nicht versiegt! Liebe wird überschüssig, man braucht sie nicht mehr von außen und sie wird zu einer rein gebenden Liebe, sie sprudelt und sprudelt und sprudelt immer weiter!

Und sie will irgendwo hin! Vielleicht seit ihr ja bereits in einer Partnerschaft, in der die „Gebende Liebe" gelebt wird, wo keiner mehr die Liebe braucht, um sich selbst aufzufüllen! In der die Energie der Liebe sich im Gleichklang multipliziert, denn sie geht stetig hin und her! Das wäre toll, genau solch eine Energie bedarf es hier auf dieser Erde ohne Ende!

Doch die Voraussetzung dafür ist die Selbstliebe!

Unsere Selbstliebe ist unser natürlichster Faktor überhaupt, der Faktor, der uns den direkten Weg zur Quelle ermöglicht. So sind wir auf diese Welt gekommen, diese Möglichkeit, diese Möglichkeiten haben immer in uns gesteckt! Doch was ist passiert? Im Laufe unserer Kindheit, hat das Ego bei uns eingesetzt! In dem Moment, wo ihr meintet, ihr wäret Klaus-Dieter oder Susanne oder was weiß ich wer! Ihr habt euch also über euren Namen definiert!

Eine Kleinigkeit, ihr wisst also quasi nun, wie ihr heißt!

Doch seitdem nimmt man aus seiner Wahrnehmung heraus, alles „ich-bezogen" wahr! Alles, was ihr von nun an wahrnehmt, wird auf euch selbst bezogen! Alles, was ihr jemals von Papa und Mama, von Freunden, Verwandten oder Umfeld, oder auch Fernsehen oder Radio, wahrgenommen habt, stellt ihr nun ganz automatisch in Beziehung zu euch selbst! Ohne es jemals differenziert zu haben! Es bilden sich sogenannte Glaubenssätze und aus ihnen bilden sich Ideologien, Prinzipien oder Moralvorstellungen! Die allesamt nie als wahr überprüft wurden und direkt ins Unterbewusstsein wandern! Und das funktioniert gegen jeden anderen Menschen, gegen jede Situation oder Gegebenheit genauso, wie gegen uns selbst! Wir haben gelernt zu werten!

Dinge, die wir über unser Ego kreiert haben! Jetzt ist das ja nicht grundsätzlich schlecht, immerhin weiß man nun wie man heißt etc. . Doch speziell an diesem

Punkt, machen sich hochsensible Begabungen bemerkbar. Außergewöhnliche Ausprägungen der ersten fünf Sinne, womöglich sogar der sieben Sinne! Eine Kraft in uns, die nach außen drängt, gelebt werden will! Doch unser Ego, ist die konträre und gegensätzliche Kraft, was entgegen wirkt!

So entsteht in uns ein Kampf! Unser natürlicher Ursprung, unsere Selbstliebe gegen unser Ego!

Und von Jahr zu Jahr entfernt sich der Mensch von sich selbst! Fängt an, sein Leben nach seinen gebildeten Glaubenssätzen zu interpretieren und darzustellen! Das Ego hatte jahrelang gewonnen!

Doch bei vielen Menschen in der heutigen Zeit, macht es sich nun mehr und mehr breit, dass sie ein Problem damit bekommen, sich selbst nicht zu lieben! Bevorzugt äußerst sensible Menschen! Denn diese schauen zuerst nach Innen und entdecken Defizite an sich selbst! Oh ja, sie haben bewertet und waren extrem kritisch mit sich selbst! Warum? Weil sie ein erlebtes Gefühl mit ihren Glaubenssätzen abgeglichen haben und wenn das konträr dazu stand, neigte man dazu, sich als schlecht oder zu wenig wert zu deklarieren.

Wenn man anfängt, genau diese Einschätzungen differenziert zu betrachten, wird man sie sowohl als mindestens komplett relativ, wenn nicht als schlichtweg unwahr ansehen! Unser Herz, unsere Selbstliebe breitet sich wieder aus. Dadurch lichten sich verschiedenartige Vorhänge, durch die wir bisher diese Welt betrachtet haben. Es ergibt sich eine klare Sicht, unverfälscht und authentisch. Und diese Sicht ermöglicht uns, mit all unseren sieben Sinnen zu agieren, ohne dass wir daran gehindert werden. Unsere Möglichkeiten wären schlicht unglaublich!

Deshalb ist Selbstliebe so wichtig! Sie ist unsere Energie-Quelle, die wir lange verloren hatten!

Sie ist der Ursprung, aus ihr entspringt alles! Sie ist kein „Grenzen setzen" im Außen, sie ist kein Kampf für seine Interessen! Sie ist die Quelle, sie ist der Reaktor und wir brauchen für überhaupt gar nichts kämpfen!

Liebe gibt...

... denn sie ist eine ausschließlich gebende Energie.

Und die Selbstliebe ist der Schlüssel dazu, ohne sie wird es nicht funktionieren.

So viele Beziehungen und Partnerschaften leben in Missverständnissen zur Liebe selbst und das erzeugt unendlich viele Tränen und Leid.

Oder warst du schon einmal traurig, weil du selbst zu wenig Liebe gegeben hast?

Nein, noch nie! Du warst schon oft traurig wegen der Liebe, aber immer nur, weil du sie nicht bekommen hast bzw. zumindest das Gefühl hattest, sie nicht zu bekommen. Das bedeutet, das vergeben von Liebe ist für dich absolut sekundär. Primär ist es, sie zu bekommen.

Hinterfrag dich dort einmal.

Dein Leid, deine Traurigkeit, dein Schmerz hat mit Liebe überhaupt gar nichts zu tun.

Liebe ist kein Handel! Du gehst zum Bäcker, investierst etwas, in diesem Fall Geld und du möchtest dafür etwas haben, z.B. Brötchen. Dort geht es dir ebenfalls um das, was du haben willst und so geht der Mensch in der Liebe leider ebenfalls vor.

Weißt du, wie es sich denn anfühlt, Liebe zu vergeben? Weißt du nicht, nur wenn man sie bekommt oder nicht bekommt. Bedeutet, du fühlst diese Energie nicht.

Sicherlich verschenkst du Liebe, über deine Definition von Liebe.

Doch du hast in keinster Weise einen Einfluss darauf, sie zu bekommen. Das hängt immer an einer anderen Person. Daher findest du auch in der Liebe keine Sicherheit, oder Verbindlichkeit. Du kannst nur jeden Tag aufs Neue Liebe empfangen, sofern der Andere gibt.

Mach dir einmal bewusst, was du schon alles getan hast, um Liebe zu bekommen. Wie viele SMS hast du schon verschickt und darin kundgetan, wie sehr du doch liebst und verliebt bist? Vielleicht hast du Blumen verschickt und andere Geschenke gemacht? Wie sehr hast du deine Eifersucht nach außen gekehrt, weil du dachtest, dass man so Liebe zeigt. Und mit deinem Schmerz genau das Selbe, wie oft hast du mitgeteilt, wie sehr du doch leidest, weil du so sehr liebst?

Und das macht dich auch hilflos, denn es liegt nicht in deiner Macht, Liebe von Jemand anderem zu bekommen. Du kannst dich nur freuen, wenn es so ist. Aber so oft kannst du noch nicht einmal das. Die Angst, diese Liebe wieder verlieren zu können, liegt höher als das Glück selbst.

Und es wäre super, wenn du verstehen könntest, warum dir Liebe von Außen so wichtig ist. Weil sie der Mensch braucht, sie allerdings in der Regel nicht selbst erzeugt. Stell dir vor, du selbst wärst eine Brötchen-Fabrik und erzeugst Brötchen ohne Ende... dann wärst du auf den Bäcker nicht mehr angewiesen, um Brötchen zu bekommen. Und so ist es auch mit der Liebe.

Du hast keine Vorstellung, was Selbstliebe bedeutet?

Weil du nicht in dich verliebt bist! Und verwechsele Selbstliebe nicht mit Egomanie. Um dich in dich selbst zu verlieben, musst du erst einmal schauen, wer du überhaupt bist. Oder liebst du ansonsten Menschen, die du gar nicht kennst? Tust du nicht, also lerne dich kennen. Beschäftige dich mit dir, lerne dich kennen und verliebe dich in dich. Und du wirst dich in dich verlieben, weil du im Herzen ein wundervoller Mensch bist und das weißt du selbst am allerbesten. Dann sind auch deine ganzen Masken im Außen nicht mehr von Nöten, du kannst dich endlich einmal so geben wie du tatsächlich bist. Doch du wirst dich niemals lieben, wenn du dich nicht kennst!

Wenn du dich selbst liebst, erzeugst du Liebe und sie ist bereits da. Hier hast du eine Sicherheit und eine Verbindlichkeit. Und du hast Liebe im Überschuss, kannst sie vergeben, ohne abhängig davon zu sein, ob sie erwidert wird. Denn es spielt nicht mehr diese Rolle wie vorher.

Und du kannst sie nun tatsächlich dorthin versenden, wo sie auch hin soll und wo der Andere sie ebenfalls vergibt und du sie so auch empfängst. Die ganzen faulen Kompromisse, nach dem Motto "Wenn ich von dieser Person keine Liebe zurück bekomme, liebe ich eben einen Andere", auf Grund deiner Entzugserscheinungen von Liebe sind nicht mehr von Nöten.

Annehmen darfst du Liebe immer, du kannst sie nur nicht einfordern oder erwarten.

Warum Selbstliebe wichtig ist

Nachdem du nun erlesen konntest, wie eine mangelnde Selbstliebe entsteht und auch, was dein „Inneres Kind" damit zu tun hat, darfst du nun verstehen, dass ein Mensch ohne Selbstliebe ein Vakuum in sich trägt, aus der sich unbewusst die absolut primäre Instanz ergibt im Menschen selbst.

Ob er nun weiß, was ihm fehlt oder nicht, er strebt danach!

Daher agiert und reagiert der Mensch ganz anders, als er es in seinem -naturell bedingten Zustand der Selbstliebe tun würde. Ob er das in den Beziehungen zu den Eltern erkennbar macht, in Beziehungen oder in Freundschaften. Auch sein beruflicher und materieller Werdegang verläuft ganz anders. Das liegt daran, dass wenn etwas nicht aus dem eigenem Innerem kommt, man dem Äußerem eine ganz Gewichtung zuträgt.

Und für das Äußere hat man sich im Laufe seines Lebens längst seine Prinzipien erschaffen und wertet äußere Gegebenheiten genauso permanent, wie sich selbst. Und alles was man tut, hat die innere Suche nach Liebe zum Vorsatz.

Zuerst sucht man diese Liebe bei den Eltern. Dabei ist allerdings der eigene Anspruch immens. Denn die eigenen Gedanken zur Liebe sind perfekt! Zu sich selbst weiß man ganz genau Bescheid, so meint man, wie Liebe auszusehen hat! Weicht aber die Realität von der Vorstellung ab, agiert man entgegengesetzt und in der Regel strafend! Und sieht sich dabei im recht. Man schiebt die Eltern dabei in eine Bringschuld, rein subjektiv betrachtet. Man lässt sich weiterhin von den Eltern in allem Möglichem helfen, aber wehe, sie sagen ein falsches Wort oder reagieren nicht so, wie man es sich wünscht, dann straft man sie erst einmal mit drei Wochen nicht melden. Kann man ganz gut beobachten, wenn Kinder ihre Eltern umarmen. Oftmals aus einer gewissen Distanz heraus mit einem oberflächlichem Kuss auf die Wange. Doch im Gegensatz zu Beziehungen und Freundschaften bleiben die Eltern konstant und sind auch nicht austauschbar. Und auch die tiefe Sehnsucht nach der Liebe der Eltern bleibt konstant, wohlgemerkt ohne Selbstliebe und nach den Kriterien des Maßstabes.

Allerdings die große Spielfläche auf der Suche nach Liebe sind die partnerschaftlichen Beziehungen. In denen normalerweise zwei „Innere Kinder" aufeinandertreffen. Geprägt und in der Absicht unterwegs, das innere Vakuum zu erfüllen. Schaut euch an, wie erfolgreich Singlebörsen heutzutage sind, es geht immer um das Selbe. Erfolgreich auch deshalb, weil man zuerst einmal die Kriterien des Ideals sondieren und filtern kann.

Vielleicht auch eine der größten Illusionen unseres Zeitalters, zu versuchen, aus der Liebe eines Wissenschaft des Verstandes zu gestalten. Doch man versucht es!

Man sucht und diese Suche gestaltet sich komplett nach den Informationen, die man im Laufe seines Lebens gesammelt hat. Auch, ob man eher Mama oder Papa geprägt ist dabei. Das Kriterium Schönheit ist dort sehr ausgeprägt. Allerdings nicht das subjektive Verständnis von Schönheit, eher die gesellschaftliche Version davon. Das Kriterium schlechthin, warum man überhaupt zusammen kommt. Doch wie es danach weiter geht oder nicht weitergeht hat wieder nur die Selbstliebe als Hintergrund. Man möchte sich füllen mit Liebe!

Auch ist „guter Sex" heutzutage ein großer Indikator für Liebe. Auch wenn Sex zwischen zwei Liebenden sicherlich ein normaler Vorgang ist, weil man dem Bedürfnis nachgeht, sich so nah wie möglich miteinander zu verbinden, ist Sex letztendlich keine Liebe und hat auch nichts mit ihr zu tun.

Das sind so oberflächliche Versuche, sich mit Liebe zu erfüllen.

Ferner ist es die Frage, ob es die Liebe ist, die tief geht, oder die subjektive Interpretation davon. Denn zuerst einmal interpretiert ein Mensch alles Mögliche als Liebe anhand seiner gespeicherten Informationen und Glaubenssätze. Ob man es nun als tief empfindet oder ob es tatsächlich tief geht spielt dabei in seiner eigenen Handlung keine Rolle. Man kann so oder so nur aus seinen vorhandenen Möglichkeiten und Erfahrungen agieren. Daher spielt es auch keine Rolle, wie man dort die Liebe selbst wertet, denn das wäre müßig. Viel entscheidender ist, dass das „Innere Kind" hervortritt und auf sein Gefühl reagiert. Und das „Innere Kind" möchte nicht nur haben, es möchte sowohl festhalten und die „Liebe" als endgültig seines betrachten!

Das aber ist bei einer Liebe im Außen, die man z.B. in einer anderen Person gefunden zu haben meint, nicht möglich! Kurz nach den ersten Glücksgefühlen, der ersten Verliebtheit, wird sich Angst einstellen, aus dieser man agiert. Was hat man gedacht, wie Eifersucht entsteht? Das ist ein nur allzu normales Vorgehen eines Menschen, das darf man dahinter verstehen. Und der Kopf bzw. der Verstand eines Menschen antwortet auf Ängste in der gängigen Regel ganz gern mit Kontrolle. Kontrolle als einen Versuch, eigene Unsicherheiten zu kaschieren und Planung zu gewährleisten.

Man möchte sein Leben ganz gern so annehmen, mit einem zwar noch einem existenten Vakuum in sich, aber mit der momentanen Auffüllung von Außen. Und das funktioniert auch eine -zeitlang. Nur zieht man dabei aus einem anderem Menschen etwas heraus und versucht es zu speichern, als ein Fass ohne Boden. Das kann nicht ewig so funktionieren, denn der andere Mensch verspürt durchaus einen gewissen Verlust. Zwar zieht er selbst und ist ebenfalls ein Fass ohne Boden, doch dadurch, dass die Interpretation von Liebe sich komplett individuell gestaltet, zieht man aneinander vorbei und leert sich gegenseitig!

Nur aus der Selbstliebe heraus, ist ein Mensch zuerst einmal mittig und zufrieden. Er hat keine Not, keinen Druck und braucht entsprechend auch nichts suchen. Er ist grundsätzlich glücklich und kann so sein Herzgefühl tatsächlich deuten. Denn wenn ein Mensch etwas braucht und auf der Suche danach ist, kann er es weder sehen noch fühlen. Weil das, auf was er fixiert ist, darüber liegt.

Nur in der Selbstliebe ist es einem Menschen möglich, tatsächliche Liebe aus seinem Herzgefühl heraus zu deuten. Nur so, ist es ihm möglich, den Unterschied festzustellen.

Fehlende Selbstliebe hat stets ihre selben Schemen. Im Beruf bzw. , am Arbeitsplatz z.B. , wenn die Information, die der Mensch erhalten hat beinhaltet, er solle grundsätzlich fleißig sein und wenn möglich auch erfolgreich, denn dann wäre etwas aus ihm geworden. Es ist letztendlich das selbe Prinzip, wie bei einer Beziehung auch. Man bekommt einen Arbeitsplatz, man hat ihn! Und der Arbeitgeber nimmt dabei völlig unbewusst die Rolle der Eltern ein. Man lechzt nach Anerkennung, die man als eine Art von Liebe definiert. Manchmal auch als Eltern- oder Beziehungsersatz. Und hat man den Arbeitsplatz, versucht man ihn zu kontrollieren. Man tut und macht alles, lässt sich nichts zu schulden kommen, hält immer den Mund, in der Hoffnung auf einen Festvertrag. Scheint ein Kollege bevorzugt zu werden, nimmt er sich Dinge heraus, die man sich selbst nicht erlauben würde, wird man eifersüchtig. Das Prinzip von Mobbing. Man versucht diesen Kollegen zu diffamieren, um seine eigene Position zu verteidigen. Eine Art von Kontrolle!

Doch „nach oben" klar äußern, tut man sich ohne Selbstliebe nicht. Es könnte ja „falsch" ankommen, man könnte womöglich gekündigt werden. Dabei ist man höchst unter bezahlt und auch die Arbeitszeiten lassen sich in keinster Weise mit Familie oder den Kindern vereinbaren. Aber man schweigt! Hofft darauf, gesehen zu werden. Und versucht sich sichtbar zu machen, durch Leistung oder Überstunden! In der Hoffnung auf die ersehnte Anerkennung!

Doch, wie soll man so seinem Chef auf Augenhöhe begegnen? Wie soll man so z.B. nach mehr Geld oder anderes anfragen? Aus der Angst heraus?

Warum sollte überhaupt irgendein Mensch auf eine Forderung eurerseits eingehen, wenn er überhaupt keine Konsequenzen befürchten muss, wenn er es nicht tut oder umsetzt?

Ob auf der Arbeit oder in einer Beziehung, alles das Selbe!

Da könnt ihr euren Partner noch so anfratzen, dass er doch auch mal den Müll runter bringt, sich auch mal um die Kinder kümmert oder auch mal den Rasen mäht. Fratzt ihr aus einer nicht selbst liebenden, abhängigen und suchenden Grundhaltung heraus, passiert rein gar nichts. Warum auch?

Selbstliebe ist bzw. wäre im praktischem Leben sehr wichtig und absolut lohnenswert, in allen Beziehungen!

Doch Eines dürft ihr verstehen, ihr werdet niemals etwas lieben, mit dem ihr euch nicht beschäftigt. Denn wie sollt ihr jemals etwas wertschätzen, was ihr nicht kennt? Und genau darum geht es hier in diesem Buch, dass ihr den Zugang zu euch selbst, zuerst einmal findet. Persönlich sehe ich die Selbstliebe als absoluten Schlüssel zum Glück an, denn es verändert sich so vieles.

Relativität

... ist ein Faktor, der im täglichen Verlauf nur allzu selten berücksichtigt wird.

Ist das "Negative" tatsächlich negativ? Ist das "Positive" tatsächlich positiv?

Und wer beurteilt und bewertet diese absolut dual liegenden Konstrukte?

Es geht mir nicht um philosophische Aspekte, über die man stundenlang abends am Lagerfeuer diskutieren kann, mit einem bewusst offenem Ende... Nein, es geht mir um tagtäglich auftretende Gefühle, bei denen die "Negativen" meist am schwersten im Magen liegen.

Wieder einmal wurde man verletzt, belogen, betrogen, gemobbt oder schikaniert etc. ...

... und das fühlt sich so richtig schlimm an! Und der Verursacher darf in der Regel keinerlei Nachsicht erwarten. Im Gegenteil, für einen Moment wird er gar als eine Feindbild symbolisiert, denn er ist auf Grund seiner Tat, verantwortlich für Leid.

So kennt das Jeder und so lebt das auch fast Jeder. Ist ja auch etwas Normales, oder?

Allerdings, wir als Baby hatten von negativ und positiv nicht die geringste Ahnung. Die Bewertung dessen ist also erst im Laufe unseres Lebens entstanden... doch wo kam sie her? Und von wem kam sie? Ist das jetzt etwas Gutes, oder ist es etwas schlechtes?

Viele Menschen beantworten oft die Frage nach dem Sinn des Lebens, dass man einfach nur glücklich sein soll, doch was ist dafür von Nöten?

Am Anfang steht das Nichts und dieses ist absolut neutral, doch aus diesem Nichts entsteht kein polarer Gegensatz, der wiederum innerhalb des Pols dual interpretierbar ist. Und wegen dem Nichts, können wir nicht hier sein, wir würden weder fühlen, noch wahrhaftig leben.

Wenn ich also Glück möchte und suche, dann brauche ich zuerst einmal Pech, Leid und Traurigkeit. Diese ist absolut subjektiv und individuell, deshalb gestaltet sich auch so jeder Mensch. Ich muss also zuerst einmal etwas als Unglück bewerten, um überhaupt einen Gegenpol erzeugen zu können. Darum geht es, was für den Einen Unglück bedeutet, kann für den Anderen etwas anderes bedeuten.

Doch ein Unglück für sich selbst zu deklarieren reicht nicht, daraus entwickele ich noch nicht die dazugehörigen Emotionen. Es muss also z.B. Menschen geben, die uns genau das antun, was wir für uns einmal als Unglück bewertet haben.

Nur so kann der ebenfalls von uns deklarierte Gegenpol Glück überhaupt erst entstehen. Ohne diese beiden Pole wäre es uns als Menschen nicht möglich, Unterschiede zu definieren. Das darf man vielleicht einmal verstehen...

Wir brauchen also zuerst im Leben das sogenannte "Unglück", das Mindeste, was daraus entsteht ist eine Fiktion von "Glück", dem man nacheifert, nach dem man sich sehnt, was man sich wünscht, wonach man strebt usw. ... auch das ist äußerst sinnvoll, um die emotionale Manifestation im späteren erlebten Moment, voll und ganz zu erleben.

Und die Relativität dahinter ist grenzenlos. Für den Einen bedeutet Glück eine liebevolle Beziehung, nach der er sich sehnt. Für einen Anderen Reichtum und Anerkennung. Und es ist auch völlig egal, denn es geht um die erlebten Emotionen dahinter und ja, deshalb sind wir hier!

Wenn z.B. eine Frau bereits als Kind jeden Tag geschlagen wird, dann verspürt sie körperlichen

Schmerz und bewertet diese Handlung als Unglück und negativ. Man bedenke das vorherige Nichts. Diese Frau wird mit dem Tag glücklich sein, an dem sie nicht mehr geschlagen wird, denn diese Definition von Glück hatte sie sich primär gewünscht. Von Außen betrachtet würde man solch eine Art von Bescheidenheit gar nicht verstehen... muss man aber auch nicht. Man fühlt emotional das Glück und es ist absolut unerheblich, wie "klein" dieser Umstand doch sein mag. Es geht immer nur um den Pol und die vorherigen Bewertungen.

Und da ist jetzt die Frage, wie man seinen Blick auf Jemanden schweifen lassen sollte, der Einem etwas angetan hat(geht hier nicht ums Verzeihen). Man bedenke, ohne Diesen, wäre der Weg ins Glück nie möglich oder möglich gewesen! Was im selben Atemzug zu bedeuten hat, dass sich Milliarden traurige Menschen einmal hinterfragen und reflektieren dürfen. Sind sie nun traurig, weil sie nicht oder noch nicht in ihrem selbst deklarierten Ideal von Glück angekommen sind?

Ist es ein Fakt oder ist es relativ?

Wir selbst sind Schöpfer über Fülle und Mangel, jeden Tag!

Das globale Defizit

Warum ist die Welt so wie sie ist? Warum sind die Menschen so wie sie sind? Diese beiden Fragen beschäftigten mich bereits vor vielen Jahren. Nachdem ich mich einige Jahre vermehrt mit individuellen Schicksalen und Konstellationen beschäftigt hatte und wo immer wieder die fehlende Liebe zu sich selbst das Thema war, kam ich darüber nun wieder zu diesen beiden Fragen.

Heute erschließt es sich mir ganz anders, als noch vor ein paar Jahren. Deshalb schreibe ich heute dieses Buch, was ich gesamtheitlich als mein wichtigstes Buch überhaupt empfinde. So wichtig ist es mir, öffentlich zu diesem Defizit Stellung zu beziehen.

Denn in der Selbstliebe geht es um so viel mehr! Fehlt sie, ergründen sich die tiefsten Tiefem im Menschen selbst und erklärt daraus heraus auch sein Handeln.

Das Ego als Ersatz zur Liebe!

Menschen, die sich nicht selbst nicht lieben, wählen nur allzu gern diese Form der Kompensation.

Jetzt mag man denken, dass das Ego natürlich niemals als ein Ersatz zur Liebe stehen könnte, aber ganz so abwegig ist diese Form der Kompensation nicht und durchaus kann sich der Mensch über das Ego permanent neue Glücksmomente bescheren. Und eben auch Glücksgefühle, in denen sich die Endorphine ähnlich ausschütten wie im Liebesgefühl.

Daher könnte man durchaus sagen, was soll man sich mit der Selbstliebe beschäftigen, wenn es eben auch anders ganz gut funktioniert. Und damit meine ich, dass man ein aktives Ego durchaus erst einmal mit einem normalen menschlichem Verständnis anschauen darf.

Denn so verläuft die Praxis auf der ganzen Welt, dass darf man erst einmal dahinter verstehen. Da darf man sich überall umschauen, absolut global, überall trifft man auf dieses Phänomen.

Ich mag in dieser Angelegenheit auch etwas Idealist sein, doch allein gesellschaftliche Phrasen in diesem Bereich haben sich so sehr ins eigene Denken eingeschlichen, dass es schwer ist, dem durch geschriebene Form etwas entgegen zu setzen. Zum Beispiel, Derjenige, der sich selbst liebt müsse auch dann und wann einmal egoistisch sein. Oder ein „gesunder Egoismus" gehöre zum Leben. Alles so Dinge, die so daher gesagt werden. Doch das Ego ist Ego, nicht Liebe! Und es hat auch überhaupt gar nichts mit Liebe zu tun. Sich selbst im Ego erklären, aus dem Blickwinkel eines größeren Zusammenhangs kann kaum Jemand. Natürlich nicht, man tut es einfach und legt es sich danach möglichst schön aus.

Doch weder ist das eine Lösung, noch ist das ein Weg. Persönlich nicht und global schon gar nicht!

Der große Unterschied zwischen Liebe und Ego ist, dass sich die Energie der Liebe aus sich selbst heraus bildet und nach außen hin vergeben wird. Das Ego aber, benutzt die Energie aus dem Außen, um sich selbst zu füllen. Noch klarer ausgedrückt, persönliches Glück durch das Ego, beinhaltet immer das Leid eines Anderen. Es ist ein Transfer, wo letztendlich nicht alles immer mehr wird, sondern alles weniger! Das ist der alles entscheidende Unterschied! In Form einer Metapher darf man sich dabei gern einmal einen Vampir vorstellen, der etwas braucht, damit es ihm gut geht. Das mag er womöglich auch bekommen, doch jemand anderes muss dafür etwas geben. Und das wiederum ist für den Anderen in diesem Fall alles andere als angenehm.

Der Mensch von heute nährt sich über Konsum, der Transfer dahinter ist ihm nicht bewusst. Wobei es heutzutage mehr als deutlich wird, dass der Mensch durch überproportionale Reize über den gesamten Tag verteilt, kaum noch zur Ruhe kommt. Und Ruhe ist der Ursprung jeglicher Differenzierung zu Irgendetwas, das sollte dabei klar sein.

Es scheint fast so, als hätte das Ego in dieser Welt längst gewonnen. Der Nährboden könnte nicht glänzender sein und Ausstöße von Dopamin braucht und sucht der Mensch, ob es ihm nun bewusst ist oder nicht. Und im Ego erlaubt man sich selbst auch fast alles. Man ist nicht bereit oder hat kein Interesse, die Wurzeln seines eigenen Baumes zu pflegen, der dadurch nicht zu beernten ist und wodurch man sich lieber die Ernte von Nachbars Baum zu nutzen macht. Es ist ein Grundprinzip von Verteilung, was sich auch durch ganz logische Gesichtspunkte erschließen lässt. Der Blick über den berühmten Tellerrand hinaus ist nicht mehr "in".

Auch der Stellenwert eines Philosophen ist heutzutage fast verpönt und meist weiß der Mensch von heute nicht einmal, um was es in der Philosophie überhaupt geht. Gesellschaftlich breit verankert, was mehr als schade ist.

Aus dem Defizit an Selbstliebe heraus, auf Grund dieser Ego beeinträchtigten Transfers, werden einige Menschen auf dieser Welt zum Beispiel immer reicher, andere immer ärmer. Und ein mehr als großer Irrglaube ist es, dieses Missverhältnis von Außen korrigieren zu können. Wenn man heute ein theoretisches Konstrukt aufbauen würde, in dem heute alle Menschen auf dieser Erde gleich viel hätten, wäre es morgen schon wieder in einem Missverhältnis, welches sich über einen Zeitraum aufbauen würde und irgendwann hätte man dann wieder die Verhältnisse von heute.

Das gilt es einmal zu verstehen! Das Problem ist viel größer als man meint. Letztendlich geht es immer nur um Ressourcen, die uns diese Welt zur Verfügung stellt. Und der Mensch geht in dem Bewusstsein vor, dass sie für die eigene Lebenszeit schon reichen würden. Und betrachtet einen abgeholzten Regenwald, verschmutzte Meere oder auch Hunger und Durst in anderen Ländern als komplett sekundär. Er nimmt sich auch nicht die Zeit, diese Szenarien zu Ende zu denken, da er sich durch Konsum rund um die Uhr von sich selbst ablenkt.

Wird es noch einmal in die andere Richtung gehen?

Heutzutage sind ja die großen Nationen durch Demokratie geprägt, was ich grundsätzlich auch persönlich gut finde. Bedeutet für einen Politiker aber auch, dass er auf die Ist-Zustände in der Bevölkerung versucht einzugehen, um gewählt zu werden. Und auch dort kommt wieder das Ego ins Spiel, denn mit was darf man sich dann brüsten? Das man dumme Dinge tut, um von dummen Menschen gewählt zu werden? Im Grunde frei von jeglichem Sinn. Wenn nicht Macht oder eine gesellschaftliche Anerkennung ebenfalls eine Art von Liebe wären, die zu Ausstößen von Dopamin führen. Daher geht ein Politiker ebenfalls genauso vor, wie es ihm die Gesellschaft vorab bereits gespiegelt hatte. Fernab von Selbstliebe und dadurch Nehmer, anstatt Geber!

Das Problem der fehlenden Selbstliebe ist evolutionär, dass darf man unbedingt dahinter verstehen und es wird höchste Zeit, es auch als solches anzugehen.

Der Mensch versteht das Leben nicht und weil er es nicht versteht, hat er Angst vor dem Leben! Zwar auch ein intellektuelles Defizit, allerdings nur bedingt durch fehlende Bildung begründbar. In seinem Inneren verspürt der Mensch durchaus, dass er eventuell etwas tut oder getan hat, was den moralischen Aspekt in ihm berührt hat. Und eine Eigenverantwortung abzugeben, ist eben auch ein schnelles und probates Mittel, damit im Einklang zu leben. Über die Jahrtausende waren es immer wieder die Religionen und Götter, die in diese Form einer Marktlücke hinein stießen und den Menschen genau dort bedienten, wo er es brauchte. In seiner Angst! Doch Religionen sind rückläufig anzusiedeln und werden nach und nach übernommen durch Konsum und Reiz, geschürt durch Medien und Kapitalismus. Das wäre die neue evolutionäre Richtung, die allein schon eine Intuition einer moralischen Bedenklichkeit innerhalb von Sekunden übergeht und abgehakt hat.

So viele Menschen behaupten, dass sie sich selbst lieben würden. Doch was ist es denn, was sie dort an sich lieben? Eine tolle Optik, ein gesellschaftlicher Status etc. ? Sie schauen auf sich selbst, wie auch ein Außenstehender auf sie schauen würde. Eine Authentizität sieht anders aus. Weil aber die Selbstliebe stets so definiert wurde, wird sie so wenig publik behandelt.

Vielleicht lieben sich 0, 0001 % der Menschen selbst und sind nicht der Grund, dass die Welt ist wie sie ist. Doch wenn man sich das schon vor Augen hält, darf man sich durchaus die Frage stellen, ob man zu diesem Anteil gehören mag, oder eben zum Rest.

Ich mag auch noch einmal daran erinnern, das zu viel Ego einer tickenden Zeitbombe gleicht. Denn es gibt sowohl eine persönliche, wie auch eine globale Gesundheit. Pflegt der Mensch das Eine, so pflegt er auch das Andere. Wie Innen, so Außen! Daran darf man denken, wenn man in die Welt schaut.

Die fehlende globale Selbstliebe wird abgefedert, durch eine Art von neuer Religion, die sich Konsum und Kapitalismus nennt. Es wirkt wie ein Vakuum zwischen zwei Zeitaltern. Zuvor bediente man sich der Liebe und der Führung von Religionen, um einschlafen zu können. Heute ist es der Konsum, aber auch der Reichtum, der eine Art von Wettbewerb darstellt. Nicht anders ist es zu erklären, dass Menschen, die ihr bisheriges Vermögen niemals ausgeben könnten, immer nach noch mehr streben.

Die Hochzeit des Glücks befand sich Statistiken zufolge 1969. Und obwohl der Materialismus seit dem exorbitant anstieg, stieg das Glück nicht mit an. Im Gegenteil, es ist rückläufig. Denn durch den Kapitalismus und das immer höher, weiter, schneller, kommt der Mensch immer weniger zur Ruhe. Er saugt nur noch instinktiv von Außen auf, die Zeit nach Innen zu schauen fehlt dabei immer mehr.

Es ist kein Zufall, dass vermehrt Menschen, die sich mit der Selbstliebe beschäftigen, arbeitslos sind oder krankheitsbedingt zu Ruhe gezwungen wurden. Natürlich muss man nicht seinen Job verlieren, um die Liebe zu sich selbst zu steigern. Aber man hat eben einfach mehr Zeit zur Verfügung. Es wird ruhiger. So kommt die Selbstliebe nicht automatisch, aber es fällt zuerst einmal auf, dass sie fehlt! Und das ist ein erster und sehr bedeutsamer Schritt.

So sehr ich auch jeden einzelnen Leser seinen persönlichen Schritt in die Selbstliebe wünsche, so sehr ist es mein Traum, meine Vision, die Selbstliebe global in eine Bewusstseinslehre zu integrieren. Denn nur von Innen heraus kann diese Welt so friedlich und liebevoll werden, wie es sich so viele Menschen wünschen. Eine Welt, in die man gern seine Kinder entlässt. Eine Welt, die zeigt, wie sie Schlüsse aus ihrer Historie gezogen hat.

Dieses Buch ist ein Dominostein und es wird mit den Jahren immer mehr Bücher geben, die als Dominostein wirken werden. Ein Zeitfaktor ist schwerlich abzuschätzen, doch wenn die Welt sich in kürzester Zeit von Religionen hin zum Kapitalismus orientieren kann, bedeutet das auch, dass grundsätzlich das Potential für Veränderung da ist.

Letztendlich geht es immer nur um Glück. Den Menschen ist es letztendlich egal, wie der Weg aussieht, der sie glücklich sein lässt. In dem Moment, wo sie die Selbstliebe als ernstzunehmende Alternative zum Materialismus wahrnehmen, werden sie sich auch mit der Selbstliebe beschäftigen.

In die Selbstliebe

Der erste Schritt war es bereits, dieses Buch zu erwerben. Denn dahinter verbirgt sich eine gewisse Absicht, auch wen sich diese lediglich durch Neugier definiert. Die Fragen "Was ist Selbstliebe?" oder "Liebe ich mich denn überhaupt ausreichend?" sind dabei die Triebfeder.

Man könnte es zwar durchaus als einen völlig lapidaren Vorgang bezeichnen, doch ist es so, dass Fragen sich selbst betreffend zuerst einmal eine Portion Mut benötigen. Der Mensch ist ganz einfach etwas zögerlich in solchen Dingen. Positive Informationen, sich selbst betreffend, werden zwar gern aufgenommen, doch negative Informationen umgeht man dabei eher, denn sie könnten beinhalten, dass daraus folgende Konsequenzen unumgänglich wären. Eine Frage von Mentalität.

Doch das Gefühl, sich nicht oder nicht ausreichend genug selbst zu lieben, war bereits vorher erhalten. Und es ist tatsächlich so, wenn man sich denn dann mit sich selbst auseinander setzt, dass dieses Gefühl auch bestätigt wird. Das liegt daran, dass negative Gefühle schnell in das Unterbewusstsein gedrückt werden und dort über den positiven Gefühlen liegen.

Wenn man also hinein schaut, dann sieht man zuerst das Negative.

Und so perplex es sich auch anhören mag, die wichtigste Erkenntnis auf dem Weg in die Selbstliebe ist zuerst einmal, sich nicht selbst zu lieben! Denn es bedeutet, dass man sich selbst bereits einmal wahrgenommen hat und sich selbst auch nicht egal ist. Um das noch einmal zu verdeutlichen, möchte ich einmal darauf eingehen, wie denn die Liebe zu einem anderen Menschen funktioniert. Man liebt diesen anderen Menschen oder aber man liebt ihn nicht, doch vorausgegangen ist dabei natürlich, dass man diesen Menschen angesehen und auch wahrgenommen hat, denn ansonsten könnte man sich selbst diese Frage gar nicht beantworten.

Und noch etwas darf man verstehen, sich selbst zu lieben bedeutet auch, die Liebe an sich zu verstehen. Und darin liegt auch der Grund begraben, warum ein Mensch sich nicht liebt. Es ist völlig unnatürlich sich selbst nicht zu lieben und dennoch vermag man es nicht. Woran liegt das?

Es liegt an der eigenen, subjektiven Interpretation von Liebe. Diese werden durch Informationen seit der Geburt und durch darauf folgende Glaubenssätze generiert. Man darf sich das durchaus einmal fragen, warum Menschen Menschen lieben. Warum sie sich entschließen, Jemanden zu heiraten oder sich auch wieder zu trennen. Die Liebe wird also gesellschaftlich durch ein darauf folgendes "weil" interpretiert, was im Zuge der Digitalisierung noch einmal stark zugenommen hat. Man kann nun im Internet in Singlebörsen agieren, sich ein Profil erstellen und einen Computer den passenden Partner suchen lassen, basierend auf gewünschte Kriterien.

Der Partner, den man gern "lieben" möchte, soll vielleicht ein gewisses Alter haben. Vielleicht darf er nicht zu dick oder zu dünn sein, oder er sollte eine bestimmte Haar- oder Augenfarbe haben. Das einmal als äußerliche "Basics". Er sollte möglichst finanziell betucht sein und beruflich erfolgreich, in seiner Darstellung selbstbewusst und intellektuell. Dazu kommen dann noch gemeinsame Hobbys und Interessen etc. . Sexuelle Neigungen und Aktivität spielen womöglich auch noch eine Rolle. Alles Gründe, warum Menschen in diesem Land mit anderen Menschen liiert sind, oder eben Single sind, weil sie auf der Suche nach diesem, augenscheinlich perfekten Menschen, sind. Und egal, was von diesen Beispielen auf einen selbst zutrifft, aus diesen Gesichtspunkten heraus, beurteilt und interpretiert man auch sich selbst.

Dazu kommen noch Interpretationen von Lebenssituationen. Ein Mensch war vielleicht einmal besonders fies und böse zu einem, was er sicherlich nicht gewesen wäre, wenn eine gewisse Wertschätzung vorausgegangen wäre. Das gleiche gilt für Verletzungen psychischer oder physischer Natur. Man interpretiert und wertet und daraus formt sich das Bild über sich selbst. Und wenn man sich dann mit der Frage beschäftigt, ob man sich selbst liebt, kommen zuerst einmal die Attribute zum Vorschein, für die man sich schon seit langer Zeit schämt und die nie bemerkt werden sollten. Und so kommt es, dass der Mensch zuerst einmal nach dem Beschäftigen mit sich selbst zu der Wertung gelangt, er liebe sich nicht selbst. Es fallen ja sofort ganz viele Gründe ein, warum das auch gar nicht möglich wäre, weil man ja so und so ist und nicht anders.

Es ist also völlig normal sich nicht selbst zu lieben und ein ganz wichtiger Schritt!

Den ersten Schritt hast du bereits vollzogen und bist nun bereit, den Weg in die Selbstliebe weiter zu gehen. Und wisse, das Ergebnis steht im Grunde bereits fest, denn dein natürlicher Zustand ist es, dich selbst zu lieben. Sei also ganz entspannt und mach dir keinen Druck, du hast jetzt schon so viele Jahre auf dieser Welt verbracht, dass es jetzt auch nicht mehr auf Tage oder Wochen ankommt.

Was du nun brauchst ist Ruhe und Stille um dich herum. Stell dir einmal bildlich vor, du wärst ein erst gestern gekaufter Computer, wo lediglich ein Betriebssystem vorinstalliert wurde. Das bist du, bei deiner Geburt. Deine Software funktioniert schnell und reibungslos. Als Computer arbeitest du noch gar nicht und speicherst auch noch nichts, du schaust dich erst einmal um. Im Internet surfst du von Seite zu Seite und ohne es zu merken, sammelst du Cookies und Spams, die unsichtbar im Hintergrund verlaufen. Du als Baby und Kleinkind, du schaust dich um, nimmst deine Umgebung wahr, kannst sie aber noch nicht deuten und interpretieren. Du kannst auch nichts fragen, weil du eine Sprache erst noch erlernen musst. Du weißt auch nicht, wer du bist oder wie dein Name ist.

Das bist du! Ganz natürlich in vollkommener Reinheit. Alle Gedanken, die dich heute belasten, waren damals noch nicht da und doch warst du damals schon völlig in Ordnung so wie du warst.

Und doch ist in den Jahren darauf so viel passiert, dass es heute ganz anders erscheint. Und es ist wichtig, dass du verstehst, wie es dazu überhaupt kommen konnte. Denn ein Verstehen nimmt dir körperlich deine Abwehrhaltung und lässt dich für dieses Thema neutraler werden.

Glaubenssätze, wir alle sind voll von ihnen und sie prägen unser Leben in einer Art und Weise, wie wir es nie für möglich gehalten hätten. Und in der Regel prägen sie uns konträr zu uns selbst!

Zum Beispiel "Fleiß ist eine Tugend", ein Glaubenssatz, der eine ganze Gesellschaft am laufen hält, so dass noch vor einigen Jahrzehnten die Menschen 16 Stunden am Tag auf den Feldern schufteten. Doch wer hatte denn etwas von solchen "Tugenden"? In damaligen Zeiten gab es die Oligarchie und dort wurde sich ganz bestimmt nichts durch eigenen Schweiß erarbeitet. Oder "Wer keine anständige Berufsausbildung hat, der ist nichts wert. Der taugt nichts!" Ist das denn so, dass ein Mensch weniger wert ist als ein anderer? Glaubenssätze werden durch unzählige Generation weiter vererbt. Sie stecken in jeder gut gemeinten Erziehung und doch sind sie, als der Inbegriff einer dualen Welt der Grund, warum die Spezies Mensch nicht friedlich miteinander zu leben versteht.

Unsere Glaubenssätze beschneiden unsere Authentizität unermesslich.

Man stelle sich ein unglaublich begabtes Kind vor, potentiell ein neuer Picasso, ein Genie mit Pinsel und Leinwand. Ein Freigeist, welcher die Welt bereisen möchte. Aber Schwabe, der Glaubenssatz vom

"Schaffe schaffe Häusle baue" überstrahlt schon seine ersten Atemzüge. Nach der Schule wurde ein anständiger Handwerksberuf erlernt, mit 20 dann in ein "anständiges Haus" hinein geheiratet und mit 30 stand dann das eigene Häusle. Und da kann man noch so sehr von außen dieses Leben als gut bewerten, weil man ja "alles" hat. Doch heran gezüchtet wurde ein tief trauriger Mensch, der noch nicht einmal weiß, warum er solch eine Leere in sich verspürt. Am Wochenende betrinkt man sich in der Kneipe, beschleunigt sein Auto nicht angeschnallt bis ans Limit, auf der Suche nach sich selbst. Wir Menschen bewerten uns aus unseren Glaubenssätzen heraus permanent selbst und sind dann logischerweise nicht zufrieden mit uns, wenn sie mit uns selbst nicht in Harmonie verlaufen.

Es sind unsere Eltern und unser direktes Umfeld. Und alle meinen es ja gut mit uns. Und Jeder kann nur aus seinen vorhandenen Möglichkeiten das Beste versuchen. Es ist nicht als Vorwurf zu verstehen, doch irgendwann gilt es diesen traditionellen Kreislauf zu unterbrechen!!! Ich bin selbst Vater und natürlich versuche ich, meine Lebenserfahrungen mit einzubringen. Natürlich möchte ich nicht, dass mein Kind in Fettnäpfchen tritt, in die ich bereits einmal selbst getreten bin. Doch ich sage auch, wenn die Zeit kommt und sich eine selbst denkende Persönlichkeit formt, dann glaube mir nichts mehr! Gar nichts!

Meine eigenen subjektiven Interpretationen haben nichts mit meinem Kind zu tun!

Als Kind bist du komplett abhängig und jegliche Information, die du bekommst, hat zuerst einmal rein gar nichts mit dir zu tun, sondern liegt lediglich in der Qualität deines Umfeldes. Und was ein Mensch selbst nicht weiß, das kann er auch nicht weitergeben. Da ist keiner Schuld dran, es liegt kein absichtliches Verhalten dahinter. Es spielt dabei keine Rolle, ob es Worte oder Taten waren, die du erfahren hast. Und auch wenn du meinst, zu wenig Liebe erfahren zu haben, denke daran, dass ein Mensch ohne Selbstliebe auch nur fähig ist, einen gewissen Grad an Liebe weiterzugeben. Du magst das vielleicht aus heutiger Sicht verurteilen, doch das solltest du nicht. Denn es wäre nicht gerecht, jeder Mensch kann nur das sein, was die Informationen in seine Richtung hergegeben haben und leider nicht mehr. Auch ein Verzeihen sollte leicht gegeben sein, denn auch du würdest nicht wollen, dass man dich auf Grund deiner zur Verfügung stehenden Informationen bewertet und verurteilt.

Informationen wurden interpretiert und daraus hast du Glaubenssätze gebildet. Einige werden wahr sein, der Großteil jedoch nicht und du darfst dir die Frage stellen, wie du die unwahren Glaubenssätze aus deinem Unterbewusstsein wieder entfernen kannst.

Wie ein Virus, dass den Computer befallen hat. Natürlich könnten diese auch theoretisch einzeln betrachtet und neu bewertet werden. Praktisch gesehen würde dieses Vorhaben jedoch eine gefühlte Ewigkeit dauern, wenn man denn überhaupt alle finden würde. Denke an den Computer, so viele Dateien, in Unterdateien versteckt. Welche sind nützlich und welche nicht? Das wäre mehr als schwierig zu filtern. Bei dem Computer würde man nun die Festplatte formatieren und genau das, solltest du mit deinem Verstand auch tun. Es ist ein bereinigen, ein zurücksetzen auf die Grundeinstellung.

Du fragst dich jetzt vielleicht, wie das gehen soll, immerhin lässt sich nicht einfach das Gedächtnis löschen und das sollte ja auch gar nicht das Ziel sein. Du kannst aber sämtliche Informationen in deinem Kopf in eine Klammer setzen, in eine Relation. Du verschiebst deine Daten quasi in Quarantäne, eben ganz genauso wie auf dem Computer.

Vorher gilt es jedoch eine Entscheidung zu treffen und die würde lauten, dass alle und ausdrücklich alle Informationen, die du seit deiner Geburt vernommen hast, nicht wahr sind. Damit hast du sämtliche Glaubenssätze relativiert und das wäre die Basis für den nächsten Schritt.

Die Schwierigkeit in Schritt 2 besteht darin, bis in die letzte Konsequenz zu verstehen und auch verstehen zu wollen. Du darfst verstehen, dass dein Körper und dein Inneres Halbherzigkeit nicht versteht und so kann eine gewisse Neutralität dir selbst gegenüber nicht in Leib und Seele übergehen. Bevor du also den weiteren Schritt gehst, beschäftige dich noch einmal damit, wie sehr du Schritt 2 verinnerlichen konntest. Frage dich, wie du dich nun selbst siehst. Bist du liebenswert oder bist du nicht liebenswert? Oder bist du gerade gar nichts? Das wäre hier die richtige Antwort, du bist vollkommen neutral zu dir, das Leben fließt um dich herum und du lässt es fließen, so wie es ist. Du wertest es nicht, du interpretierst es nicht. Alles ist gleich sinnvoll sowie sinnlos. Würdest du dich allerdings noch als nicht liebenswert bezeichnen, beschäftige dich weiterhin mit Schritt 2. Lies dieses Buch oder auch nur einzelne Kapitel, die du noch nicht so recht verstanden hast, ein zweites oder auch ein drittes Mal. Es nützt nichts, das loslassen von all dem Erlebten ist das Schwierigste.

Wenn du nun aber bereits neutral zu dir stehen kannst, dann wird dir einleuchten, dass es diese Leere in dir auch wieder zu füllen gilt. Du programmierst dich im Endeffekt selbst um. Das hört sich zwar etwas negativ an, bezogen auf das menschliche Gehirn, doch du selbst bist es, der diese Veränderungen vornimmt. Und das ist auch wichtig, ein Dritter, vielleicht ein Berater oder ein Begleiter kann auch maximal nur begleitend wirken, nicht inhaltlich. Die Gefahr, dass dieser Dritter dich nun ebenfalls mit seinen subjektiven Perspektiven belastet, wäre viel zu hoch.

Aber zuerst einmal die Leere, die Neutralität, das absolute Jetzt. Was ist das für ein Gefühl? Es wird richtig warm um dein Herz, du strahlst. So ein Gefühl hast du noch nie erlebt, so ein Gefühl ist von Außen nicht zu erzeugen.

Du fragst dich, ob du überhaupt noch einmal so viel an Informationen haben möchtest, denn dieser Zustand könnte ohne weiteres für immer bleiben. Glücklich und zufrieden, mehr geht nicht.

Dieser Zustand ist ebenfalls die Tür zu deinem "Ur-Bewusstsein". Das bedeutet, in deinen Genen und in deiner DNA liegt bereits eine Menge, was du nie genutzt hast, nie gesehen hast. Es ist weder religiös, noch esoterisch, die Energie des Lebens selbst zu spüren und auch zu nutzen. Überprüfe es doch einmal, versuche einmal, aus dieser Neutralität heraus Thesen über Themen zu bilden, wo du rein offensichtlich gesehen, keine Ahnung von haben kannst. Versuche es einmal, lass es einfach mal fließen.

Und du wirst sehen, dass der intellektuelle Sektor innerhalb deines Gehirns, letztendlich nur Schall und

Rauch ist. Bedeutet, jeder Mensch ist im Stande, mit außergewöhnlicher Intelligenz ausgestattet zu sein. Ohne Wissen! Jetzt war es sowieso nie ein Faktor der Intelligenz, viele Dinge zu wissen.

Ich möchte dazu ein Beispiel geben. Wissen wäre z.B. das erlernen einer doppelten Buchführung. Kann man erlernen, dem Einen fällt es eher zu, dem Anderem nicht. Doch genauso wie eine grundsätzliche Mathematik, entspricht die doppelte Buchführung blanker Logik.

Fragt euch, wie solche Gebilde irgendwann einmal entstanden sind. Es bestand eine Absicht und darauf folgende logische Schritte und logische Zusammenhänge. In der Neutralität ist die Logik etwas, was einem zufällt. Es waren lediglich die Vielzahl an Informationen, die uns einen freien Blick verwehrten. Das seid tatsächlich ihr, unglaubliche Geschöpfe, mit unglaublichem Potential. Und ihr werdet sehr begeistert über euch sein, denn so viel ist nun möglich. Doch soll es nun nicht so sein wie bei Mr. Spock von Raumschiff Enterprise, wo die Logik das Gefühl überlagert. Es ist nur euer Werkzeug für das "wie". Euer Gefühl führt euch dorthin, "was" ihr tun möchtest.

Ihr seht schon, die Basis von Selbstliebe geht um einiges tiefer, als ihr euch das gedacht habt.

Gebende Liebe sagt JA

… sie gibt und sagt Ja. Immer und immer wieder.

So einfach kann eine harmonische Beziehung sein...

Die Frage ist nur, ob Geber und Geber zusammengefunden haben, oder Geber und Nehmer. Oder sogar Nehmer und Nehmer...

Ein sich selbst liebender Mensch, mit einer inneren Liebe im Überfluss, gibt gern und ständig. Er braucht die Liebe nicht und er sucht sie auch nicht! Jeden Tag aufs Neue steht er mit einer inneren Zufriedenheit auf und strahlt auf sein Umfeld, ist freundlich, hilfsbereit und liebenswürdig. Und in einer Partnerschaft lebend freut er sich, wenn er einen Wunsch des Partners mit JA beantworten darf, weil es ihn glücklich macht, er es gern tut und es ihm einfach eine Freude ist. Das wäre ein Geber und kommen zwei Geber zusammen, gibt es nur noch JA und beide leben im ständigem Überschuss! Ein Prinzip von Fülle! Hier braucht es keine Grenzen zu setzen, hier braucht es kein Wachstum durch kontroverse Reibungen.

Solche Beziehungen entstehen meist nach einer „harten Schule", durch die beide Partner bereits auch oftmals sehr schmerzhaft gehen mussten. Eine Art von Schlusspunkt, wo man es verstanden hatte. Dort ist die Liebe einfach nur, jenseits von egomanischen Gedankenspielen.

Doch ohne die „harte Schule" schafft man es meist nicht. So geprägt ist man in seinem Konstrukt der Gedanken, seiner Glaubenssätze und Wertigkeiten. Und die Schule heißt Leben!

Das darfst du verstehen, alles was dir widerfährt, ist letztendlich nur zu deinem Besten.

Und das ein Nehmer auf einen Geber trifft, ist auch ein probates Prinzip, dass es weitergeht und man eben auch einmal weiter zieht.

Ich möchte es euch in einer möglichst bildlichen Metapher einmal erklären. Ein Geber hat jetzt einmal als Beispiel 10 Liter an Liebe in sich. Bei zwei Gebern vergibt man einen Liter, bekommt einen Liter zurück und immer so weiter. Sowohl die Liebe als auch die Selbstliebe bleibt in der Fülle und die Energien der Beiden fließen einfach nur hin und her. Trifft ein Geber allerdings auf einen Nehmer, verläuft es ganz anders. Der Nehmer ist nicht durch Selbstliebe erfüllt und er hat auch keine Liter an Liebe zu vergeben. Ganz im Gegenteil, er hat sogar unten ein Loch, wo man quasi endlos nachgießen könnte und alles einfach nur versickert. Der Geber vergibt natürlich selbstverständlich seine zehn Liter Liebe an den Nehmer. Aber es kommt nichts zurück! Die Liebe kann nicht fließen und die Selbstliebe geht zurück, bis zu dem Moment, wo man sie nicht mehr spürt. Nur noch Schmerz und Leid und irgendwann dann, geht man getrennte Wege! Die Selbstliebe regeneriert sich beim Geber und das Spielchen beginnt mit einem anderem Menschen von vorn...

So lange, bis man es verstanden hat!

Und Nehmer und Nehmer haben überhaupt nichts zu vergeben. Von Anfang an versuchen sie vom Anderem etwas heraus zu ziehen, doch der hat selber nichts. Und so werden Beide wütend auf den Anderen, weil dieser die innere Sehnsucht von Liebe nicht erfüllen kann. Meist beschränkt man sich dort auf die Sachebene, mit der sich dann beide eine Zeitlang arrangieren können.

Und ganz automatisch zieht es einen Nehmer zu einem Geber, weil der etwas zu vergeben hat. Der Irrglaube des Nehmers ist nur, er könne es behalten, was der Geber ihm gegeben hat. Doch ohne Selbstliebe versickert die Liebe. Man ist wie ein Fass ohne Boden!

Das darf der Nehmer verstehen, dass es in keinster Weise eine Lösung darstellt, sich durch die Liebe eines Anderen zu befüllen. Da darf er sich Gedanken darüber machen und sich mit sich und seiner Selbstliebe beschäftigen. Und tut er es, wird aus ihm irgendwann ein Geber werden, der dann auf einen Nehmer treffen wird. Man nennt es auch duale Spiegelung und man ist eben auch noch nicht am Ende angelangt. Das zeigt es Einem und das darf man verstehen.

Mag sein, dass ihr ein Geber seid und einen Nehmer unendlich liebt. Doch in dieser Konstellation könnt ihr nicht zusammen bleiben. Vielleicht irgendwann, wenn der Nehmer seinen Weg gegangen ist und aus ihm ebenfalls ein Geber geworden ist. Doch neben euch, wird er es niemals werden!

Denn die Liebe sagt JA, gegenseitig!

Authentisch sein...

... bedeutet auch in aller Konsequenz.

In der Regel befindet sich der Mensch in einer gewissen Balance zwischen Kopf und Herz, mal spielt das Eine, mal das Andere vermehrt in eine Entscheidung mit ein. Oft gibt es auch Konflikte zwischen diesen Institutionen im menschlichen Körper. Aber meist weiß der Mensch nicht einmal, woher jetzt genau eine Entscheidung entsteht.

Oft nennt der Mensch etwas ein Gefühl, was allerdings als ein emotionales Empfinden aus einem unbewusstem Glaubenssatz heraus rührt. Das bedeutet, ein Glaubenssatz in uns bestimmt bereits im Vorfeld, zu welchem Ereignis wir so oder so fühlen sollten.

Ein Grund, warum emotionale Schmerzpunkte in uns aus meiner Sicht nicht in eine Art von "Heilung" gehen sollten, sondern als pure Illusion entlarvt werden könnten.

Zuerst einmal, darf man in der Authentizität die Hierarchie verstehen, die in uns besteht. Körper, Geist und Seele. Die Seele ist dabei die höchste Instanz, wir sind die Seele. Die Seele hat eigene Pläne, geht und erschafft Situationen und Ereignisse, die wir als Mensch nur schwerlich zu begreifen im Stande sind.

Unser Geist beinhaltet sämtliche Informationen, die uns grundsätzlich zur Verfügung stehen, alles an Wissen, was wir als Seele jemals gesammelt haben. Auch hier haben wir meist nur begrenzten Zugang. Und dann noch der Körper, mit einem Gehirn, einem Verstand. Er ist die letzte Instanz und und gilt als Diener.

Doch der Verstand, führt im Grunde nur etwas aus, er entscheidet keine direkte Richtung.

Es bildet sich aber über den Verstand ein duales Verhältnis zum Geist, was man auch das Ego nennt. Und Geist vs. Ego, nennt man in der Regel Herz vs. Kopf.

Einem Gefühl zu folgen, was wie gesagt aus einem Glaubenssatz heraus zu begründen ist, bedeutet weder eine "Herzentscheidung", noch ein authentisches Sein.

Es hat nicht wirklich etwas damit zu tun, dass man z.B. sagt was man denkt, denn wer weiß, ob das Gedachte überhaupt wahr und korrekt ist...

Unser Herzgefühl, wäre ein ziemlich knallharter Zweitakt von plus und minus. Allein diesen Zugang zum Herzen suchen viele Menschen, weil sie in der Regel gar nicht wissen, wie sie ihn denn überhaupt erkennen sollen.

Es sind die Fragen an uns selbst, auf die man reagiert, also stelle man Fragen an sich selbst.

Ein Kinesiologe tut im Grunde nichts anderes, aber zu diesem geht man ja, weil man selbst die Sprache des Geistes nicht versteht. (Ein Kinesiologe stellt eine Frage an unsere tieferen Ebenen und wir beantworten diese durch eine Reaktion, die sich durch unseren Muskel sichtbar macht)

Man stelle sich also eine Frage und es ergibt sich ein Plus-Minus-Impuls oder auch ein "Ja-oder Nein". Diesen nimmt man jedoch nur außerhalb des Denkens war. Es wäre also zuerst einmal die eigentliche Kunst, das Denken auszugrenzen, was viele ja in der Regel als schwer oder gar unmöglich ansehen. Unmöglich ist es nicht. Man trainiert es anfangs mit Sekunden und über das "Jetzt-Bewusstsein", was alles andere zur Seite rückt.(kann man ganz gut über Eckhart Tolle üben)

Im Grunde ist es auch einfach die instinktive Reaktion, die kennt ja Jeder.

Authentizität beinhaltet einen Lebensweg, der so verläuft, wie er laufen soll. Ohne Abzweigungen und Extra-Runden.

Sei wie du bist! Im Grunde ganz einfach!

Dir gefällt etwas in deiner Firma nicht, als Beispiel: Du kannst es sagen und vll. fliegst du dann raus, weil du Jemandem auf die Füße getreten bist. Vll. auch nicht, vll. wirst du erst dann richtig ernst und wahrgenommen. So oder so, wäre es eine richtige Entscheidung gewesen und schließt sich mal eine Tür, öffnet sich eine andere. Es verläuft immer so. Das Ego würde abwägen, ein gewissen Kalkül mit ins Boot nehmen, ein Für und ein Wieder beurteilen und bewerten...

... und du verharrst viel zu lange dort, wo du gar nicht sein solltest!

Man fragt sich ja oft, ob es einen Kompass für dieses Leben gibt. Es gibt ihn!

Das ist Authentizität und so lässt es sich leben.

Aber, wie gesagt, wer seine Gefühle noch nicht von Glaubenssätzen differenzieren kann , sollte nicht den zweiten Schritt vor dem ersten gehen.

Liebe DICH

Ja, Du bist gemeint, Du selbst!

Vielleicht liebst du dich ja bereits selbst, vielleicht auch nicht, oder vielleicht weißt du es auch gar nicht, ob du dich selbst liebst.

Das, was du dafür tun musst, ist dich kennenzulernen. Denn nur wenn du Jemanden kennst, kannst du auch eine Beziehung zu ihm aufbauen. Das bedeutet, du müsstest einmal nach Innen gehen und schauen, wer du überhaupt bist!

Wer bist du nun? Über was hattest du dich definiert? Über deinen Job vielleicht, oder über deine Optik? Das und viele andere Dinge, über die du äußerlich privilegiert oder minder privilegiert bist, beantworten dir nicht die Frage, wer du bist!

Vielleicht magst du nicht genauer hinschauen, nach Innen schauen. Womöglich ist es dir nicht ganz geheuer, denn du könntest ja womöglich etwas sehen, was dir nicht gefällt. Doch dir entgeht etwas, denn das Gefühl von wahrhaftiger Selbstliebe ist das Schönste, was man sich nur vorstellen kann! Es ist wie ein Orgasmus, der immer wieder deiner Quelle entspringt, der dich völlig unabhängig von allem werden lässt. Du könntest nackt und mittellos durch die Straßen laufen und wärst immer noch glücklich. So etwas kannst du dir gar nicht vorstellen, oder?

Wenn du aber bereits ein Mensch bist, der sich selbst nicht liebt oder sich womöglich abgrundtief hasst, dann machst du gerade eine schwere Zeit durch. Dennoch bist du bereits weiter auf dem Weg, als wenn du noch gar nicht wüsstest, ob du dich nun selbst liebst oder nicht!

Denn du hast bereits nach Innen gesehen! So sensibel zu dir warst du bereits!

Und dafür, gilt es dich bereits jetzt schon einmal zu loben, das war sehr mutig von dir! Du magst jetzt vielleicht denken, hättest du doch bloß nicht nach Innen gesehen, es war alles andere als schön. Doch wolltest du dein leben lang unter der Oberfläche schwimmen? Die Wahrheit des Lebens, die findest du nur in dir, sei dir das wert!

Nun liebst du dich nicht und bist traurig. Das aber, ist völlig normal! Du hattest den Mut für Innen, doch nun hast du dich lediglich verlaufen und siehst den Ausweg nicht!

Wisse, jeder Mensch, der das ersten Mal nach Innen sieht, liebt sich danach nicht! Denn durch die Suggestionen, die du in deinem Leben erfahren hast, haben sich Glaubenssätze gebildet. Aus Ihnen hat dein Verstand im Laufe der Zeit, perfekte Vorstellungen erschaffen, wie etwas zu sein hätte! Es haben sich Ideologien gebildet, die der Grundstein dafür sind, ob du beispielsweise etwas dafür oder etwas dagegen bewertest. Doch Glaubenssätze sind immer relativ, sie sind niemals eindeutig wahr!

Es bedeutet, dass du vorbehalten nach Innen siehst. Du schaust auf dich, auf dein Leben, auf die wichtigen Ereignisse deines Lebens. Das Wichtigste ist für dich, wie sehr du dich von deinen Eltern geliebt gefühlt hast und du hast es darüber definiert, wie sie sich dir gegenüber verhalten haben. Du bist sicher, es hätte viel mehr Liebe sein können! Ja, es hätte immer alles mehr sein können.

Dein Leben und deine Eltern waren leider nicht so perfekt, wie deine Gedanken, die du dir dazu machst. Und weil das nicht erkennst und es dir nicht anders erklären kannst, beziehst du die Schuld dafür auf dich. Irgendwer muss ja schuld sein! Auch wenn du viele Traumata erlitten hast, womöglich Missbrauch und Gewalt zum Opfer geworden bist, kannst du es dir nur so erklären, das es an dir liegt. Du Schuld bist! Denn deine Ideologie sagt dir ganz klipp und klar, Eltern wie Onkel oder Tanten, tun so etwas nicht! Der Fehler liegt in deinen Gedanken, denn sie tun es durchaus, sind zumindest befähigt dazu. Und immer wieder mal kommt es dazu!

Du, hast daran keine Schuld, du warst ein Kind. Du konntest auch nur so sein, wie du sein konntest, genau wie deine Eltern. Auch du warst nicht perfekt und damit bist du nicht etwa ein Einzelfall, das ist der Standard, denn Niemand ist perfekt!

Deine Eltern haben vielleicht den 2. Weltkrieg oder die darauf folgende Nachkriegszeit erlebt, das verändert Menschen! Oder, wenn du noch jünger bist, erlebten das deine Großeltern. Und mit diesen durften sich deine Eltern auseinander setzen, sie hatten dadurch auch ihr Päckchen zu tragen. Ihnen ging es vielleicht zeitweise gar nicht gut und sie versuchten, alles unter einen Hut zu bekommen und vielleicht gelang ihnen das auch nicht so gut. Und nebenbei gab es dich, das Kind, was man geliebt hat oder zumindest versucht hat, zu lieben! So gut es eben ging. Verstehe das und beende deine Wertungen! Verstehe, du warst nur das Kind! Vieles war dir damals noch nicht möglich zu begreifen, doch heute ist es dir möglich! Du bist erwachsen, also begreife es!

Lehne dich einmal zurück, vielleicht denkst du jetzt gerade schon über meine Worte nach. Stell dir vor, dein Wunsch nach Perfektion wäre erhört worden. Und wenn du mittlerweile selbst ein Elternteil bist, frage dich, ob du dich damit kompensieren möchtest, indem du deinem Kind nun diese augenscheinliche Perfektion zukommen lässt!

Aber, du bist nicht die erste Generation, die in fehlender Selbstliebe heran wächst. Diese Konstellation gab es auch früher schon und besonders diese Mütter, gab es auch früher schon. Sie liebten sich nicht selbst und projizierten alles auf ihr Kind, was nun alle Liebe bekommen sollte. Man nahm dem Kind alles ab, verhätschelte und vertätschelte es, so dass das Kind erwachsen in keinerlei Weise selbstständig wäre und sich selbst auch nicht liebt, weil ihm der Selbstwert fehlt!

Man wollte diesen Kreislauf durchbrechen, tat es aber nicht! So ging es auch nicht! Versteht ihr? Zwei Kinder, die sich nicht selbst lieben. Dem Einen war die Liebe zu wenig, dem Anderen war die Liebe zu viel! Seht ihr, wie relativ und unwahr eure Gedanken waren?

Ihr habt das nun bestimmt verstanden und werdet neutral zu euch. Und nun schaut noch einmal, aus eurem erwachsenem Blickwinkel von heute! Was gab es alles? Es gab schwere Schicksale, es gab Traumata, es gab so viele schwierige Situationen und Ereignisse. Und ihr seit da volle Kanne durch! Wie ein potentieller Superheld, der durch dieses harte Training des Lebens, lernen durfte, aus all diesen gelebten Erfahrungen heraus, als Erwachsener sein gesamtes Potential auszuschöpfen! Und so härter, schlimmer, grausamer euer Leben auch war, um so mehr habt ihr heute in euch!

Ihr seit richtig geile Typen, oder richtig geile Weiber! Ihr seit befähigt, die Welt zu erobern, auf Grund eurer Erfahrungen! Wenn ihr es verstanden habt!

Liebt euch, liebt euch bedingungslos, denn ihr habt allen Grund dazu!

Und aus dieser Liebe zu euch selbst heraus, macht und tut was ihr wollt! Denn dort liegt euer Potential. Malt Bilder, schreibt Bücher, singt Lieder! Selbstliebe ist eine Quelle in euch, die nie mehr versiegt, wenn sie einmal entfacht wurde! Warum hab ich wohl mein erstes Buch „Zurück in die Liebe" genannt?

Arbeitet in dem Job, den ihr euch wünscht! Und wenn ihr dafür noch einmal fünf Jahre die Schulbank drücken müsst. Oder arbeitet nicht, seit Eltern, macht etwas ehrenamtlich etc. . Wer will euch denn hier etwas erzählen? Agiert einfach nur für euch, so entfacht ihr euer Potential und das Ergebnis wird immer gut sein!

Sich selbst liebende Menschen braucht die Welt. Ihr

braucht es nur zu leben. Die Leute um euch herum werden schon genau zuschauen. Denn ihr seit glücklich, ihr tut das, was ihr wollt und die Leute werden Nähe suchen. Weil es sich gut anfühlt, aber auch, weil sie neugierig sind, wie ihr dort hingekommen seit! Denn Das, wünscht sich jeder Mensch!

Strahlt eure Liebe aus! Nur ein paar Gedanken seit ihr davon entfernt!

Gleiches zieht immer Gleiches an! Menschen, die sich noch nicht mit sich selbst beschäftigt haben, ziehen Menschen an, denen es ebenso ergeht. Diese Beziehungen ohne Tiefgang, die gleichen Handelsgesellschaften und bleiben immer an ihrer gegenseitigen Oberfläche. Wenn man sich nicht selbst liebt, muss die Liebe immer wieder von Außen zu einem kommen, man ist selten Single. Und man zieht einen Menschen an, dem es ebenso ergeht.

Doch in diesen Beziehungen kommt die Liebe aus einem brauchen heraus und ein „Braucher", zieht einen „Braucher" an, wobei sich beide nach kürzerer Zeit verbrauchen! Und wenn man sich selbst liebt, zieht man einen Menschen an, der sich ebenfalls selbst liebt. In diesen Beziehungen agiert die Liebe aus ihrer ursprünglichen, gebenden Natur heraus und da dies dann wechselseitig passiert, bekommt und gibt

Jeder gleichermaßen viel Liebe! Keine Eifersucht mehr, keine Verlustangst mehr etc. , all das fällt komplett weg, wenn man aus der Liebe zu sich heraus, eine Beziehung mit einem anderem Menschen führt!

Und ich wünsche es euch!

Dein Licht geht auf...

... wenn du in der Dunkelheit das Licht verstehen gelernt hast!

Und auch dein Leben kann nicht immer hell erleuchten!

Der Mensch lernt Glück, Gesundheit, Zufriedenheit, Frieden und Liebe etc. erst dann kennen, wenn er es nicht hat. Dann wünscht er sich dorthin, sehnt sich danach...

Kannst du Dunkelheit annehmen?

Kannst du sie verstehen?

Vielleicht bist du krank, traurig oder deprimiert. Fühlst dich nicht geliebt oder bist ganz generell mit deinem Leben unzufrieden...

... die Schattenseite des Lebens.

Du kannst es mir glauben oder nicht, aber ich sage dir, das hier ist die wertvollste und wichtigste Zeit deines Lebens. Ist schwer zu glauben, ich weiß.

Es geht hierbei um eine duale Differenzierung. Ich möchte kurz erklären, was das ist.

Glück und Unglück z.B. ist eine duale Interpretation deines Geistes. Nur du allein bewertest, ob dein Glas des Lebens halbleer oder halbvoll ist. Um diese Bewertung zu vollziehen, stehen dir Informationen zur Verfügung, die du allein in deinem Leben gesammelt hast. Seit deiner Geburt hast du gesammelt, etwas später hast du daraus interpretiert und noch etwas später daraus bewertet.

Verstehst du die Relation deiner Bewertung?

Überprüfe einmal deine Glaubenssätze, die Ideale deines Umfeldes, nicht deine Ideale. Lass dich von ihnen nicht blenden und dir die Sicht vernebeln.

Dunkelheit ist auch ein Geschenk. Aus dir könnte nie unglaubliche Stärke entstehen, wenn du Schwäche nicht einzuschätzen gelernt hättest.

Das Problem ist in der Regel nur, dass du all diese "negativen" Attribute nicht annehmen magst. Du verfluchst sie, rennst vor ihnen davon. Und das bringt dich nicht weiter, dadurch lernst du nichts! Und du stagnierst! Jahre, Jahrzehnte... ! Bleibst gefangen.

Es liegt nur an dir!

Verstehe auch die Relation deiner Wünsche, jeder Mensch wünscht sich das, was er nicht hat. Ein Anderer, der es hat, aber dafür etwas anderes nicht, was du wiederum hast, würde dein Lebe komplett anders bewerte als du. Und du seines auch!

Daher versuche das Gesamte zu sehen!

Denke z.B. nicht an Geld, nur weil du es zur Zeit nicht hast. Manchem Millionär fehlt es stattdessen an Liebe oder an Gesundheit. Suche stets die Balance. Denke an das, was du hast, wenn du daran denkst, was du nicht hast.

Versuche das Gesamte in dir zu sehen! Es ist wichtig! Denn dein Inneres, erzeugt deine Situation im Außen. Eins zu eins! Auch das kannst du mir glauben oder nicht, aber das Leben lässt sich durchaus verstehen. Wenn man es denn gesamt betrachtet.

Hast du z.B. Frieden in dir, wirst du keine Menschen anziehen, die diesen Frieden in dir stören. Auch wenn du gestern noch gemobbt wurdest etc. ...

Nimm die Dunkelheit an, denn sie will dir nur Eines sagen:

Ohne Dunkelheit, gäbe es auch kein Licht.

Deine Wut und dein Hass bringt dich noch ins Grab...

... und das sehr viel früher als geplant und angenommen!!!

Diese Gefühle fressen dich auf!

Hast du Rückenschmerzen oder kannst du dich bereits nicht mehr rühren?

Du willst weder lernen, noch Entscheidungen treffen, daran liegt das!

Mit dem Rücken ist es lediglich der Anfang. Es bildet sich eine Kette an Krankheiten. Heute Probleme mit der Haut, morgen mit den Gelenken... von den ganzen zahlreichen „grippalen Infekten" spricht man schon gar nicht mehr.

Du hast sicherlich die Zusammenhänge als eine Art von Sprache bisher nicht erkannt. Ich kann dir nur sagen, dein Körper möchte mit dir kommunizieren und dies tut er eben auf seine Weise.

Es ist scheiß egal, was man dir alles angetan hat in der Vergangenheit. Ob du aber nicht verzeihen kannst, Jemanden hasserfüllt gegenüber trittst, ständig deine Wut in dir brodeln verspürst, weil etwas nicht so will, wie du es gern hättest, liegt ganz allein bei dir!

Es ist auch nicht ratsam „Körper und Geist" als etwas Esoterisches aufzustempeln.

Egal, ob du es nun weißt oder nicht, du lebst in ständiger Synergie.

Wenn du auch nur ansatzweise konträr zu dir selbst agierst, hat das immer seine Konsequenzen. Falsche Kompromisse, Lügen und Geheimnisse, von denen Niemand erfahren darf, wirken wie ein Rucksack auf dich, den du während deines Lebens füllst und füllst. Und dieser wird schwerer und schwerer. Und du wirst wütend, fängst an zu hassen... in Richtung der potentiell Schuldigen an deinem Dilemma.

Wisse, Hass ist ein Ventil. Nichts anderes als eine starke Mauer, die die Liebe eingemauert hat. Dein Lebenselixier hast du dir selbst zugemauert. Ist dir das klar?

Solche schwerwiegenden Probleme kommen über viele Jahre, in denen du nicht zugehört hattest. Du hasst Menschen auf Grund von Geschehnissen, die sich vor vielen Jahren ereignet haben und auch damals war es deine rein subjektive Wahrheit. Und sogar diese verändert sich von Tag zu Tag, die Menschen stellen jeden Tag etwas anderes dar, genau wie jeder Tag selbst.

Zu 90% räumen Menschen ganz bewusst ein, dass sie aus vollstem Bewusstsein das hassen, statt zu lieben. Weil es gerecht erschien. Weil es wahr erschien. Weil es richtig erschien...

Doch ist es das?

Dein Körper selbst beantwortet dir diese Frage!

Du musst mir ja nicht glauben, du kannst auch zu einem x-beliebigen Kinesiologen gehen, wenn du mit deinem Körper in Kommunikation treten möchtest .

Stell dir ein Auto vor, was mit Diesel fährt. Dein Körper. Auf Grund von irgendwelchen Glaubenssätzen tankst du Benzin. Weil Diesel einfach scheiße wäre, hat dir Papa, Mama, Opa etc. einmal gesagt. Und du tankst Benzin! Dein Auto macht Probleme und fährst in die Werkstatt und schwörst auf alles, dass es an dem Kraftstoff nicht liegen kann. Weil du so sehr überzeugt von deiner Wahrheit bist.

Und irgendwann ist dein Auto schrottreif, genau wie dein Körper.

Irgendwann ist es ein Totalschaden, der sich dann auch nicht mehr beheben lässt.

Und das willst du???

Willst du nicht langsam einmal wissen, wer du wirklich bist? Dir selbst zu Liebe!

Oder stirb, jeden Tag ein bisschen mehr. Ja, so deutlich muss es sein!

Denk nicht, es wäre dein Schicksal. Dein Schicksal ist es, Entscheidungen zu treffen. Das Leben bietet dir lediglich die Herausforderungen, so schwierig sie auch sind.

Zu nah am Feuer...

... so oft zu nah! So oft verbrannt! Das Schicksal eines Herzmenschen!

Authentisch und emphatisch wandert der Herzmensch durch das Leben. Er kann nicht anders, denn es ist seine Natur! Er sieht hinter den Bäumen nicht den Feind, er läuft offen und voller Liebe in den Wald hinein. Ohne Schutz, ohne Grenzen!

... und verbrennt sich die Finger! Wieder und wieder!

Unvoreingenommen vergibt der Herzmensch seine Liebe an alle möglichen Menschen, die ihm auf seiner Reise des Lebens begegnen. Und es tut weh, so weh, so oft!

Und so oft fragt er sich, ob ihm durch diese Schmerzen ein falscher Weg gespiegelt wird, ob er einfach so nicht richtig ist wie er ist! Was soll es ihm denn nur sagen?

Er fragt sich, was er dem lieben Gott nur angetan hätte, dass er so sehr bestraft wird...

Wäre es nicht vielleicht die Aufgabe, ebenfalls das Ego hoch zu fahren und sich der breiten Masse anzupassen, fragt er sich. Doch anderseits spürt er, dass er dann nicht mehr der Mensch wäre, der er ist und was sollte es für einen Sinn ergeben, anders zu sein, als man ist?

Der Herzmensch begegnet der Liebe mit allem, was in ihm ist und so oft aufs Neue ahnt er dabei nicht, dass es Menschen geben könnte, die der Liebe grundsätzlich anders begegnen könnten. Mit Angst, mit Unsicherheit...

Warum bekommt stets nur er die Knüppel vom Leben zu spüren? Das ist nicht gerecht!

Der Herzmensch versteht so oft seine Aufgabe nicht und diese ist viel mehr, als er meint.

Diese Welt, dieses Leben ist geschaffen und zusammengehalten, durch Polaritäten. Es ist eine Frage von Balance und diese verläuft seit Anbeginn der Zeit. So ist alles geregelt, durch polare und duale Effekte lernt der Mensch und wächst und wächst.

Nichts könnte ein polares Beispiel deutlicher aufzeigen, als Licht und Dunkelheit.

Zwei Pole, die grundsätzlich zusammen gehören. "Ohne das Eine, nicht das Andere"!

Das Licht kennt grundsätzlich erst einmal nur das Licht, die Dunkelheit kennt nur die Dunkelheit! Was sollte es also für das Licht im Licht zu lernen geben? Was sollte es für die Dunkelheit in der Dunkelheit zu lernen geben? Nichts! Absolut nichts!

Und so läuft es immer und immer wieder!

Das Licht betritt unvoreingenommen die Dunkelheit und für die Dunkelheit ist es etwas Neues, was Angst und Schmerz erzeugt. Etwas, was das Licht nicht verstehen könnte, wenn sie weiterhin nur das Licht sehen würde. So aber kommt das Licht in Berührung mit der Dunkelheit und das erzeugt mindestens genau so viel Schmerz wie umgekehrt.

Das Licht lebt diesen Schmerz offen und nach außen, die Dunkelheit lebt ihn nach innen. Warum sollten auch so unterschiedliche Dinge wie Licht und Dunkelheit gleich auf etwas reagieren?

Also, lieber Herzmensch, verstehst du, worum es hier geht?

Fragst du dich noch immer, ob du dich verändern müsstest oder solltest?

Ist es vielleicht die Dualität, die interpretierbare Balance innerhalb der Polarität, die dich anfangen lässt zu werten? Dass das Licht gut ist und die Dunkelheit schlecht?

Verstehe, lieber Herzmensch, ohne die Dunkelheit könntest du dein Licht niemals sehen! Du brauchst die Dunkelheit persönlich genau so sehr, wie sie die gesamte Welt ebenfalls braucht. Denn ansonsten könnte sie nicht in dieser Form existieren.

Es ist, wie es ist!

Deine Aufgabe wird immer sein, voller Liebe in den dunklen Wald hineinzulaufen. Und mit deinem Licht vergeht die Dunkelheit, weil dein Licht der stärkere Part ist. Doch die Dunkelheit wird sich wehren, aber du musst einfach nur weiter strahlen. Denn DU bist die Taschenlampe in einem dunklen Zimmer!

Du bist so, wie du bist und wie du sein sollst!

Und deine Aufgabe ist so, wie sie sein soll!

Du kannst dich mit Zweifeln beschäftigen, dich zurückziehen und deine Lampe ausschalten. Du kannst aber auch einfach nur stehen bleiben und einfach nur weiter strahlen.

Es geht hier um ein Prinzip, das gilt es zu verstehen!

Es liegt ganz allein an dir, wie sehr du befähigt bist, dein gesamtes Licht erstrahlen zu lassen! Ja, du stehst in einem dunklem Zimmer und erhellst bisher nur eine Ecke davon. Doch du bist hier die Lichtquelle und du kannst noch um so viel mehr strahlen!!!

Ich wünsche es dir und ich wünsche es der Welt, das du stehen bleibst!

Liebst du schon, oder spielst du noch?

Liebe war und ist schon immer absolut bedingungslos und gebend gewesen, die Frage ist, ob du Liebe bereits erfahren durftest...

Leider ist die Liebe so selten geworden in der Welt, so dass man sie oftmals gar nicht mehr als Liebe deklariert, wenn sie einem widerfährt. Da fragt man sich eher "Was war das denn jetzt?"

Schade!

Wahrhaftige Liebe ist über die Zeit gesellschaftlich genauso untergegangen, wie viele andere Dinge auch. Der Mensch lernt eben nur durch seine Umgebung, bereits seit er als Baby das Licht dieser Welt erblickte. Und so lernt der Mensch auch die Liebe. Er sieht sie bei Mama und Papa, bei Oma und Opa, bei Onkel und Tante und bei allen Anderen, die sich als Liebende wähnen.

Ich gehe soweit zu sagen, dass die Begrifflichkeit "Liebe" über die Jahre gesellschaftlich sogar völlig umgewandelt wurde und somit heutzutage völlig verklärt dargestellt wird.

Aus Liebenden wurden Handelsgesellschaften und die

Liebe wurde zu einem steuerbaren Konstrukt. "Wenn du mir Liebe schenkst, dann schenke ich sie dir auch" oder "Wenn du meine Bedürfnisse erfüllst, erfülle ich auch deine".

oder

"Was interessiert mich mein Geschwätz von gestern, Bedürfnisse und Ziele ändern sich eben und da passt du einfach nicht mehr."

Ist dort die Liebe gebend? Ist sie dort bedingungslos?

Nein! Sie ist nehmend und voller Bedingungen. Und ein nehmender Mensch ist stets durch sein Ego und eben nicht durch Liebe geleitet! Deshalb wurde dieser lateinische Begriff auch übernommen, er heißt nichts anderes als "ICH". Ich, ich, ich und alles immer zu mir, soviel wie möglich!

Warum?

Nun, es ist eine sehr moderne Gesellschaft geworden, wo der Mensch bei unangenehmen Dingen Lösungen schafft. Unangenehm? Oh ja! Denn die Sehnsucht nach tiefer, wahrhaftiger und bedingungsloser Liebe ist in jedem Baby bereits vorhanden und diese Sehnsucht legt der Mensch auch nicht ab. Denn in dieser Liebe findet der Mensch seine so ersehnte

Sicherheit, Nestwärme und auch die Bedingungslosigkeit, die er sich so sehr wünscht.

Und was tut der Mensch? Er schaut sich um, schaut nach rechts, schaut nach links, ob sie dort irgendwo ist, diese Liebe. Und ist sie es nicht, löst der Mensch von heute dieses Problem, noch bevor er darüber großartig traurig wird. Er passt sich an, an das gesellschaftliche Schema, auch eine verklärte Art von Nestwärme.

Er bewegt sich in seiner selbst erwählten Oberflächlichkeit im Freundeskreis, in der Familie und somit natürlich auch in seinen Beziehungen.

Doch Liebe ist nicht steuerbar, denn sie ist kein Gedanke, sie ist ein Gefühl. Und der Mensch versteht es leider immer weniger zu fühlen, weil er es schlichtweg verlernt hat. Liebe ist einfach nur, sie geht durch absolut nichts wieder weg!

Durch kein Wort, durch keine Verletzung, durch keine Tat geht sie wieder. Wir Menschen beeinflussen die Liebe nicht, können wir nicht, sind wir nicht im Geringsten zu befähigt. Ich könnte dir jetzt von ganzem Herzen eine Beziehung in voller Harmonie wünschen und das würde ich auch gern, doch wenn du die Liebe noch nicht verstanden hast, dann wünsche ich dir etwas anderes.

Ich wünsche dir einen Menschen, zu dem dein Gefühl keine Worte findet. Und ich wünsche dir, dass dich dieser Mensch beleidigt, verletzt und schikaniert. In der Hoffnung, dass du verstehst, was Liebe ist und ob du etwas gegen sie tun kannst oder ob du sie beeinflussen kannst.

Denn wenn du dann deinen Irrtum von all diesem oberflächlichen Scheiß der Vergangenheit erkennst, was und bei wem du nicht alles bereits von "Liebe" gesprochen hast, ja dann wirst du ein liebender Mensch, bei dem sich die Harmonie in der Liebe sowieso sehr bald einstellen wird!

Und reduziere und konditioniere die Liebe nicht allein in Partnerschaften. In jeder wahrhaftigen Freundschaft steckt Liebe, oder in deiner Familie!

Du kannst dich gern fragen, ob meine Worte altmodisch oder ideologisch sind. Ja, hinterfrage meine Worte ruhig und denk dabei einmal an deine Kinder, da merkst du am besten, wie gängig du permanent weit unter dem "Normalen" liebst bzw. geliebt wirst. Denn Liebe ist Liebe. Dass Liebe zu Kindern etwas anderes wäre, als die Liebe zu Erwachsenen, ist allerhöchstens deine persönliche Entschuldigung zu dir selbst, nicht mehr!

Liebe IST...

... bedeutet sie war, sie ist und sie wird sein.

Das Schöne an der Liebe oder auch die Scheiße, wie auch immer du es gerade sehen magst...

... oder ob du die Liebe verstanden hat, oder eben nicht.

Liebe ist keine Belohnung oder gar ein Handel, du liebst auch nicht wahrhaftig aus einer Bewertung heraus. Aus einer Beurteilung, ob nun Jemand bestimmte Attribute darstellt, die deinem Ideal entsprechen. Es ist also nicht entscheidend, ob Jemand schön, dick, dünn etc. ist, denn für dein persönliches Ideal gibt es Gründe, die erklärbar sind. Und aus Glaubenssätzen, Konditionierungen etc. entstandene Ideale, waren somit einem gewissen Einfluss von Außen ausgesetzt und sind nicht aus natürlichen authentischen Gründen entstanden.

Gesellschaftlich wird die Liebe eher nicht als Zustand betrachtet, sondern als ein Gefühl. Das macht die Angelegenheit zwar einfacher, jedoch nicht wahrhaftiger. Ein Gefühl, wie andere Gefühle auch. Ob das nun Wut wäre, oder Traurigkeit etc. etc. , alle Gefühle sind komplett individuell behaftet, so dass sie durch verschiedene Dinge hervortreten. Je nach

Verlauf des Lebens. Was den Einen wütend macht, macht den Anderen noch lange nicht wütend usw. und ganz genauso wird die Liebe nach Außen kommuniziert. Auch völlig unabhängig von oberflächlicher Optik, der Eine mag mehr eine sensible Person, der Andere "Typ Arschloch". Reine Geschmackssache und genau dieser Geschmack hat seine Beweggründe innerhalb der eigenen Historie. Wie viel männlich/weibliche Anteile trägt man in sich, was lebt man davon aus usw. ... aber alles erklärbar.

Viele Menschen und du vielleicht auch, sehnen sich nach dem Erleben tiefer wahrhaftiger Liebe. Es gleicht oft einer "unbewussten Suche", einem Traum, dem man nachjagt. Wie ein Sog, hin zum "Optimum".

Aber ich frage dich, wie sollst du diese Liebe denn jemals leben können, geschweige denn, sie finden bzw. erkennen, wenn du die Liebe nicht verstehst? Du verstehst ja bisher in der Regel nicht einmal dich selbst, verstehst nicht, warum du überhaupt nach der Liebe suchst und dich nach ihr sehnst...

"Wie kannst du nur so ein Arschloch lieben?"

"Ich habe ihn/sie so geliebt, aber was der/die sich dann alles so geleistet hat..."

... nur zwei Beispiele, an denen man sieht, wie sehr die Liebe in dieser Gesellschaft von Bedingungen untergraben ist. Man meint einen Menschen zu lieben, dieser tut etwas im Laufe der Zeit, was dir nicht gefällt oder was dich traurig macht und die "Liebe" wird zur Belastung.

Aber war es denn überhaupt Liebe? In der Regel nicht!

"Aus den Augen, aus dem Sinn?"

... alles eine Frage der Zeit? Zwei Monate, ein halbes Jahr, ein Jahr und die "Liebesgefühle", von denen man einst so sehr überzeugt war, sind so fern, als ob sie niemals dagewesen wären? Und man ist nun "frei" für eine neue Person?

So funktioniert Liebe nicht!

Hast du all deine Ex-Partner wirklich geliebt? Eine interessante Frage, oder?

Haben wir überhaupt Einfluss auf wahrhaftige Liebe?

Liebe reguliert sich über Resonanzen, da kann man gar nichts tun. Liebe wirkt wie eine Essenz, aus uns heraus und durch uns hindurch und sie hat ihre ganz bestimmte Signifikation.

Was ein Mensch aber tut oder nicht tut, was er darstellt, was er ausdrückt etc. , hat Gründe. Diese Gründe geben vielleicht den Ausschlag, ob man innerhalb der Liebe auch in partnerschaftlicher Verbindung zueinander stehen kann und das ist auch oft nicht der Fall. Dennoch sind diese, durch äußere Einflüsse entstandenen Gründe, unterhalb der Liebe selbst anzuordnen. Sie haben auf die Liebe selbst also grundsätzlich keinen Einfluss.

Man kann also auch innerhalb der Liebe unterschiedliche Wege gehen, weil das "Gesamtpaket" nicht passt, doch wird dieser Mensch für immer seinen Platz behalten.

Oder aber, unser Ego befähigt uns, Liebe zu verdrängen, weil wir vielleicht verletzt darüber sind, dass dieses "Gesamtpaket" nicht passt, aus welchen Gründen auch immer. Wir reagieren dann aber höchst empfindlich, wenn es um diesen Menschen geht.

Wenn uns aber dieser Mensch aus einer völligen Neutralität heraus komplett egal geworden ist, dann hat es sich auch früher nicht um Liebe gehandelt.

Wahrhaftige Liebe, muss nicht immer ein Optimum darstellen, oftmals stellt sie viel eher "harte Arbeit" dar. Denn jeden Tag aufs Neue verändert sich der Mensch auf Grund von Eindrücken, mal mehr, mal weniger und unerheblich in welche Richtung. Bedeutet, zwei sich liebende Partner lernen sich jeden Tag neu kennen, mal mehr, mal weniger. Mal versteht und teilt man eine Veränderung, mal versteht und teilt man sie nicht. Die Liebe unterstützt nur täglich die Bereitschaft dazu.

Weil Liebe ist, kann sie sich auch stets nur im währenden Jetzt bewegen.

Verlustangst

... man mag da jetzt sofort an Trennungen in der Liebe denken, familiär oder partnerschaftlich.

Doch Verlustangst ist sehr viel größer anzusiedeln. Man hat z.B. Angst den Job zu verlieren, oder überhaupt vor sozialem Abstieg. Vor Armut, vor Krankheit, vor Tod etc. etc. ... man kann vor allem Möglichen Angst haben etwas zu verlieren.

So strebt ein Mensch nach Sicherheiten, um einen Verlust vorzubeugen.

Da der Mensch jedoch weiß, dass es niemals eine hundertprozentige Sicherheit für auch nur Irgendetwas gibt, versucht er, jegliche Eventualitäten zu kontrollieren. Und aus der Angst heraus, tut man mitunter Dinge, die man im Normalfall moralisch sogar selbst ablehnen würde.

Natürlich ist es nicht egal, ob man morgen vielleicht von seinem Partner verlassen wird. Oder den Job verliert, seine Gesundheit, sein Leben.

Dennoch ist es ein immenser Unterschied, vor etwas Angst zu haben, oder sich einfach nur zu wünschen, dass bestimmte Dinge möglichst niemals eintreten werden.

Es gibt zwei Dinge, einen einzigen polaren Gegensatz, aus dem ein Mensch lebt und handelt und nach dem alles andere herunterzubrechen ist. So polar wie Licht und Dunkelheit.

LIEBE und ANGST

Der Gegensatz zur Liebe ist nicht der Hass, dieser stammt aus der Angst. Der Gegensatz zur Angst ist auch nicht der Mut, dieser stammt aus der Liebe. Zum Verständnis.

Diesen polaren Gegensatz hat jeder Mensch im Laufe seines Lebens für sich auszubalancieren. Eine große Herausforderung. Auch das Prinzip von Fülle und Mangel, auf deutsch das Prinzip vom halbvollen und halbleeren Glas, ist Teil dieser Herausforderung. Und das Leben gestaltet sich genauso. Man sollte auch unbedingt nicht versuchen, es von Außen bewerten zu wollen. Auch der materiell reichste Mensch, kann innerlich in permanenter Angst leben.

Auch wenn es in der Liebe so oft das Thema ist, man immer wieder verlassen wird von Partnern, weil man klammerte, sie idealisierte, auf Podeste hob usw. , versuchte zu manipulieren oder zu stalken und man seine Verlustangst auch längst realisiert hat... man sie aber partout nicht los wird... gilt es zunächst einmal, die Entstehung von Angst zu verstehen.

Wobei Angst auch nicht immer Angst ist.

Der Mensch ist wie jedes Lebewesen mit einem Überlebenstrieb ausgestattet. Wenn man jetzt ohne Fallschirm aus einem Flugzeug springen sollte und es nicht tut, hat das nichts mit Angst zu tun. Oder man mag nicht Autobahn fahren oder überhaupt ein Auto etc. etc. .

Ein "ängstliches Gefühl" kann auch der Wegweiser schlechthin im Leben sein, wenn man vor schwierigen Entscheidungen steht. Dort ist stets die Frage, verbirgt sich hinter diesem Gefühl eine Art von Chance, etwas Schönes, dann sollte man sich in diese Richtung entscheiden.

Ich würde diese beiden Beispiele auch gar nicht als Angst deklarieren, aber der Mensch kann immer nur aus seinem vorhandenem Repertoire etwas bewerten. Wenn es also bis dato für verschiedene Gefühle nur das Wort "Angst" gab, dann wird er dieses Gefühl auch so nennen.

Angst aber, haben wir selbst erzeugt. Wir hier auf Erden, haben diesen polaren Gegensatz von Liebe und Angst selbst erschaffen. Wir tragen beides in uns. Der

Mensch braucht auch Beides, um sich selbst verstehen zu können. Hätte die Liebe im Menschen keinen Gegenpol, würde sie für ihn nicht greifbar werden. Man braucht die Angst, um die Liebe differenzieren zu können.

Deshalb braucht der Mensch auch Herz UND Verstand.

Das Herz, die Liebe, kann keine Angst generieren. Das tut unser Verstand.

Unser Verstand interpretiert Geschehnisse und bewertet sie. Man darf nicht vergessen, dass bei einem vierjährigem Kind der Verstand, ebenfalls erst vier Jahre alt ist. Er ist noch nicht befähigt, richtig zu interpretieren, weil er schlicht bis dato zu wenig Möglichkeiten einer Differenzierung hatte. Bewerten tut der Verstand ein Geschehnis dennoch! Da das Kind aber täglich neuen Reizen ausgesetzt ist, die ebenfalls nach gleichem Muster bewertet werden, kommen ältere Bewertungen nicht noch einmal neu auf den Prüfstand. Bis ins zum Teil hohe Erwachsenenalter geht das so.

In diese zwei Hälften lässt sich das Leben eines Menschen spalten. Im ersten Teil wird gesammelt, um so mehr Eindrücke um so besser, ob nun positiv oder negativ. In der zweiten Hälfte wird daraus gelernt und es entsteht Wachstum. Um so mehr Differenzierungsmöglichkeiten der Mensch in der ersten Hälfte ansammelt, um so mehr Möglichkeiten hat er in der zweiten Hälfte zu wachsen. Und wann genau die zweite Hälfte anfängt, genau das ist individuell. Manchmal fängt sie erst auf dem Sterbebett an. Das liegt am Menschen selbst.

Das Kind oder der heranwachsende Mensch, oder auch der junge Erwachsene erschuf sich Glaubenssätze, die auf seinen Bewertungen der Geschehnisse basieren. Sie werden wie alles andere auch im Unterbewusstsein eines Menschen abgelegt und ohne das er es weiß, agiert der Mensch jeden Tag aufs Neue aus diesen.

So entstehen Ängste!

Ein Glaubenssatz kann auch sein, indem man die Bewertung einem vertrautem Dritten überlässt, z.B. Vater oder Mutter. Bedeutet, bereits vorhandene Ängste, Glaubenssätze, Werte, Ideologien, Religion etc. , werden ungeprüft als eigene Wahrheit bewertet und schlichtweg übernommen.

Geht ein Elternteil, eine Bezugsperson, Partner oder ein Freund, durch Trennung oder Tod, erzeugt das Traurigkeit, die sich nicht gut anfühlt! Man hat dieses Gefühl erlebt und man möchte es nicht noch einmal erleben, denn man kennt dieses Gefühl jetzt. Und der Gedanke daran, dieses Gefühl noch einmal zu erleben, dass generiert Angst. Denn dieses Gefühl ist schlecht, man fühlte sich minderwertig. Warum sollte ein Mensch einen geliebten Menschen verlassen? Das tut ja keiner und auch der Tod wird von einem Kind nicht als solcher verstanden. Kind versteht ja nur "weg" oder "da". Also wurde man nicht geliebt, so die Schlussfolgerung eines Kindes. Diese Wertung speichert sich ins Unterbewusstsein und bleibt dort für lange Zeit.

Zusätzlich zu diesem Glaubenssatz entsteht dadurch eine mangelnde Selbstliebe, was völlig normal ist. Denn wenn ein Kind interpretiert, dass es nicht oder zu wenig geliebt wurde, dann war es wohl nicht liebenswert genug. Und dieser fehlinterpretierte Glaubenssatz bewirkt, dass die Liebe von Außen kommen muss. Ohne diese Liebe wirkt man wie ein Drogenabhängiger ohne Droge. Und den Entzug von dieser Droge, auch diesen hat man irgendwann erlebt und bewertet. Und als schlechtes Gefühl deklariert.

Es entsteht bei Verlust also die Angst vor Minderwertigkeit und Entzug.

Was also tun? Es sind tausende von Glaubenssätzen und Ängsten, die man mittlerweile gebildet hat. Jeden

Glaubenssatz einzeln überprüfen, wie soll das möglich sein? Rein zeitlich allein.

Man darf davon ausgehen, dass innerhalb der ersten Lebenshälfte kein einziger Glaubenssatz wahr ist, man braucht die Differenzierungsmöglichkeit der zweiten Hälfte, um auch einzelne Glaubenssätze ins rechte Licht zu rücken.

Man kann sich aber auch klar machen, dass ALLES nicht wahr war, was man dachte! Heute! Jetzt!

Aus einer Konsequenz heraus!

Wenn du gegen dich selbst agierst...

... was passiert da genau?

Ich versuche es einmal zu erklären...

Körper, Geist und Seele im Einklang, das wäre der optimale Zustand. Doch meist ist das ja nicht so. Nehmen wir einmal an, du würdest dich stets von deinem Herzen führen lassen, so dass deine Seele rundum zufrieden ist. Dann würden ca. 50 % deines Energiehaushaltes Richtung Körper wandern, was für Immunsystem etc. absolut ausreichen würde. 50 % würden in deinen Geist fließen, du wirst kreativ, erfinderisch usw. ... Deine Seele ist zufrieden und braucht keine Energie.

Eines darf man dabei verstehen, deine Seele ist hier Chef, sie ist die oberste Instanz.

DU BIST ES NICHT!

Du, als Michael, Horst, Susanne oder Carolin etc., bist es nicht!

Weil du aber meinst, du wärst der Chef, triffst du Entscheidungen auch aus deinem Ego heraus und setzt dich über die Interessen deines Herzens hinweg, so auch über die Interessen deiner Seele.

Deine Seele reagiert, indem sie die Energie zu sich zieht, um wieder auf Kurs zu kommen. Sie nimmt Energie sowohl vom Geist, als auch vom Körper. Der Körper braucht aber mindestens ausreichende Energie, um Gesundheit zu gewährleisten. Und wenn diese nicht mehr gegeben ist, nimmt der Körper Schaden und wird krank. In diesem Fall reichen die 50% nicht mehr aus, denn der Schaden ist bereits vorhanden. Es braucht dann mehr an Energie um zu gesunden.

Bei Menschen, die permanent gegen sich selbst agieren...

... sind Depressionen, Angstzustände keine Seltenheit, als ein Energiedefizit des Geistes.

Ebenso wenig wie Rückenschmerzen, bis hin zu Bandscheibenvorfällen etc. , als ein Energiedefizit des Körpers.

Dies nur Beispiele an Reaktionen für Geist und Körper.

Du trägt förmlich die Last deiner Seele, die nicht so agieren kann, wie sie gern möchte.

Würdest du im Fluss mit Herz und Seele agieren, könntest du z.B. zumindest theoretisch auch etwas ungesünder leben, z.B. rauchen etc. , es würden einige Prozent vom Geist in den Körper fließen und nichts Dramatisches würde daraus entstehen.

Deshalb ist es so wichtig, sowohl beim Geist als auch beim Körper, nicht nur die Symptome anzugehen, sondern sich mit dem Ursprung zu beschäftigen.

Ob das Ängste sind, Traumata, falsche Glaubenssätze, was auch immer der Grund ist, warum man gegen sich selbst agiert, spielt dabei keine Rolle. Du bist nicht authentisch, du wägst Dinge miteinander ab, kalkulierst Risiken etc. etc. ... und triffst Entscheidungen.

Die Frage ist, kommt diese Entscheidung aus dem Herzen, oder aus dem Ego?

Wenn die Seele nach A will, du aber die Straße nach B nimmst, bekommst du früher oder später ein paar Problemchen, das darfst du in jedem Fall wissen.

Wenn du das alles weißt und mit dir selbst zocken möchtest, dann tust du es wenigstens bewusst.

Verzeihen

Oftmals heißt es, man könne verzeihen, aber nicht vergessen...

... was im Grunde so viel heißt wie "Mit dir will ich nichts mehr zu tun haben!"

Aber, welche Werthaltigkeit lag dann im verzeihen? Ich sehe keine!

So ist ein "verzeihen" nichts weiter als ein ausgesprochenes Wort, ohne eine Tat dahinter. Ohne eine Art von Absicht, ohne eine Konsequenz.

Man kann verzeihen, oder man kann nicht verzeihen. Man hat die Wahl, man tut entweder Dieses oder Jenes. Man muss es nicht tun, es ist eine absolut freie Entscheidung.

Das wichtigste Argument Jemandem zu verzeihen liegt in einem selbst. Es geht nicht darum, eine Absolution zu erteilen. Dadurch würde sich der Betroffene zwar vielleicht etwas besser fühlen, doch für sich selbst hat es keinen weiteren Wert. Eine ausgesprochene Form von Höflichkeit, nicht mehr und nicht weniger.

Wenn es aber darum geht, sich selbst von der Last des

Schmerzes zu befreien, weil ein Anderer uns Schaden zugefügt hat, geht das nur über das verzeihen. Ganz gleich, ob uns nun physisch oder psychisch etwas zugefügt wurde.

Das Verzeihen kommt aus unserem tiefstem Inneren. Ein ausgesprochenes Wort ist nicht nötig, nur die eigene Haltung. Und in dieser geht es schlicht darum, ein vergangenes Ereignis als Vergangenheit zu deklarieren und das Jetzt als Gegenwart.

Das bedeutet, etwas ist nicht mehr, wie es war! In dem Moment, wo sich die Erde weiter dreht, kann es das nicht mehr sein. Es spielt keine Rolle, ob es sich um 10 Jahre oder um 10 Minuten handelt. Natürlich wäre die Wahrscheinlichkeit groß, dass sich nach 10 Minuten noch nicht allzu viel verändert hat. Ich erinnere aber auch daran, dass jeder Mensch schon Dinge aus dem Affekt heraus getan hat, die er bereits Sekunden später bereut hat.

Verzeihen hat mit Bewerten zu tun. Eine vergangene Situation kann man bewerten, weil sie bereits geschehen ist. Eine gegenwärtige Situation kann man nicht bewerten.

Jetzt könnte man sagen "Das gebrannte Kind scheut das Feuer." Allerdings geht es hierbei um das Prinzip von Angst. Angst, die nicht zwingend da sein müsste und die wie ein Rucksack mit Steinen wirkt, den man mit sich umher schleppt.

Wenn man also aus seinem tiefstem Inneren gedenkt wahrhaftig zu verzeihen, ist ab diesem Moment alles neu und wieder möglich. Alles, egal was gewesen ist! Ob es zu etwas gemeinsamen Neuem kommt, steht auf einem anderem Blatt. Situationen entstehen aus ihrer Natürlichkeit mal so mal so.

Man KANN NICHT im Jetzt agieren und NICHT VERZEIHEN. Es schließt sich aus!

In einer fortlaufenden Zeitachse, ist man niemals der Selbe! Wenn sich zwei Menschen an unterschiedlichen Zeiten begegnen, ist es niemals so, wie es einst war.

Die Frage ist also, bist du denn schon für dich frei im Jetzt? Wenn ja, dann konntest du auch verzeihen. Alles, nicht gefiltert, nicht klassifiziert.

Verzeihe, oder verzeihe nicht! Es bedarf keiner Worte!

Vertrauen

… du brauchst Vertrauen?

Ja ich weiß, ein gaaaaanz sensibles Thema womöglich für dich.

… und ich will dich auch ganz bestimmt nicht verärgern, aber in diesem Thema steckt viel!

Zuerst einmal darf dir klar sein, dass du deine subjektive Interpretation von Vertrauen individuell auf eine bereits vergangene Situation projizierst. DIR ist also einmal etwas passiert, nicht zwingend einem Anderem das Selbe.

… vielleicht hat man dir Treue geschworen und ist dir später untreu geworden. Vielleicht hast auch Jemandem Geld geliehen und es nie zurück bekommen und und und...

Du hattest vertraut und bist in deinem Vertrauen maßlos verletzt, enttäuscht oder hintergangen worden. Die Tür zu einem Thema in dir hat sich dabei geöffnet und du hast dieses Thema noch nicht bis zu Ende bearbeitet und wahrscheinlich, hast du das auch gar nicht vor. Deshalb musst du heute vertrauen, dass sich diese Tür nicht noch einmal öffnet. Ein natürlicher menschlicher Zug.

Aber wie heißt es so schön?

„Der Wahrheit am nächsten bist du abseits einer Meinung."

Eine Meinung wirkt dabei wie ein dualer Pol und entwickelt dadurch auch einen Gegenpol. Du weißt nicht, wie dieser Gegenpol aussieht? Keine Sorge, das Leben wird ihn dir zeigen! Du selbst ziehst diesen Gegenpol dadurch in dein Leben. Was denkst du denn, woran es liegt, dass manche Menschen nicht nur von einem Ex-Partner betrogen oder sogar geschlagen wurden, sondern gleich von fünf Ex-Partnern? So wiederholen sich die Dinge, bis man es verstanden hat. Immer und immer wieder aufs Neue.

Zuerst einmal zeigt dir deine Sehnsucht nach Vertrauen, das du verletzbar bist. Und verletzt wurdest du in der Vergangenheit, weil du verletzbar warst. Und das kannst du auch einfach mal so stehen lassen. Doch vielleicht wäre es weiser, anstatt einer erneuten Verletzung vorzubeugen, dir die Frage zu stellen, warum du überhaupt verletzbar bist.

„Vertrauen muss Derjenige, der zu viel denkt!" ... ist leider so.
Und wieder sind wir dort, dass das Denken einen Menschen in Vergangenheit und Zukunft leben lässt. Nicht im Jetzt! Nicht in der Gegenwart!

Wenn man nur wüsste, was einem alles jeden Tag dadurch entgeht...

Ja, du hast Angst! Und ich sage dir jetzt nicht, dass diese Angst nicht da wäre, denn du spürst sie ja und oftmals geht das bis in die tiefste Tiefe!

Vielleicht hast du Angst davor, dass man deine Geheimnisse erfährt... doch warum sind es überhaupt Geheimnisse geworden? Weil du dein eigenes tun und handeln bewertet hast und dich deine implantierten Glaubenssätze dazu auffordern, das als peinlich etc. zu empfinden.

Es ist nicht deine Angst, die illusionär ist, es ist die potentielle „Verletzung" selbst. Diese hast du durch dein denken selbst erschaffen. Und es liegt an dir, was du aus der Antwort des Lebens selbst machen willst! Möchtest du daraus etwas lernen oder möchtest du die Taktik der Verdrängung anwenden und hoffen, dass dir so was nicht noch einmal und nie wieder passiert?

Hörst du auf zu denken, hörst du auf nach Sicherheiten zu streben, hörst du auf deine Ideologien, Ideale und Moralvorstellungen als objektiv zu betrachten... wirst du auch nicht mehr verletzbar sein. Und denke dabei nicht, deine Verletzbarkeit wäre eine Signifikation von Empathie. Ein Irrtum!

Hochsensible Menschen sagen das oft, doch das ist so nicht richtig. Denn der sensible oder emphatische Aspekt hat (leider) nichts mit werten zu tun. Ganz im Gegenteil, man ist durchlässiger für Informationen und Gefühle und wertet sogar noch viel mehr. Das macht es ja oft stets so schwierig.

Hast du schon einmal meditiert? Hast du schon einmal versucht, außerhalb deiner Gedanken zu sein? Versuch es mal und überprüfe meine Worte. Dort ist weder Angst noch Hoffnung, dort IST es einfach. Die Quelle des JETZT! Dort ist nur Stille und Frieden, nichts anderes!

Und wenn du weißt, was dein Denken mit dir alles so anstellt oder auch anstellen könnte, kannst du diese Erkenntnis in deinen Alltag integrieren.

Dann liebst du z.B. deinen Partner im Jetzt oder du liebst ihn nicht! Jetzt, in diesem Moment. Ganz gleich ob gestern zu dir sagte, dass er auf ewig bei dir wäre oder ganz gleich, ob er morgen vielleicht schon woanders wäre.

Gebe jetzt einem Freund Geld, oder tu es nicht. Ganz gleich, ob er gestern versprochen hat es dir wiederzugeben. Ganz gleich ob er morgen schon vor hat, es nicht zu tun.

Tut was ihr wollt, aber tut es aus vollem Herzen heraus. Aus einer authentischen Basis heraus und hört in all diesen Dingen einfach auf euer Gefühl.

Und bewertet all diese Dinge nicht, ihr seid doch alle selbst schon auf sonst welchen gedanklichen Irrwegen gewandert und wäret heute vielleicht froh, wenn diese nie bewertet worden wären. Denn es zeigt ja nicht euch, es zeigt bzw. zeigte eine Baustelle in euch, die vielleicht auch schon seit vielen Jahren vergangen und geklärt ist. Wer weiß das schon?

Vertrauen hin, Vertrauen her, es ist ein reines Konstrukt des Gehirns!

Wenn die Seele in den Vordergrund rückt...

... und übernimmt. Kennst du das?

Meist sind es nur Momente, gewöhnlich Episoden um die drei Tage ca. .

Alles ist gut, alles ist super und plötzlich kommt ein traurige Verstimmung hoch. Müdigkeit macht sich breit, die Gedanken werden negativ und man fragt sich, ob alles Sinn ergibt oder ob man nicht doch besser alles hinschmeißen sollte...

Und du fragst dich, "was war das jetzt"? War es vielleicht das Wetter?

Du überlegst nochmals...

Ist doch alles schön, du bist ein absolut glücklicher Mensch. Du hast weder zwischenmenschliche, noch materielle Probleme.

Und doch, immer mal wieder im Jahr, wie aus dem Nichts, reißt es dich um.

Was passiert da mit dir?

Die Seele hat ihre Interessen, ihre Sehnsüchte, ihre Prioritäten. Vielleicht sind sie dir auch längst bewusst, vielleicht hast du in der Regel auch bereits versucht, stets dem Ruf deiner Seele zu folgen. Und doch ist nicht alles an dir, manchmal liegt es nicht einmal in deiner Hand.

Und du kannst nichts tun!

Du versuchst viel zu schlafen, weil du mittlerweile weißt, in ein paar Tagen ist die Welt wieder normal und alles geht seinen Weg.

Du hattest es bereits versucht zu ergründen. Du hast dich vll. mit Astrologie beschäftigt, kennst die Mondzyklen in- und auswendig und sogar energetische Portaltage mit außergewöhnlich hohen Energien hast du in deiner Suche nach dem Grund berücksichtigt...

... Transformation und Bewusstseinserweiterung inbegriffen.

Du träumst wie verrückt in diesen Tagen, träumst von Menschen und Gegenden, die du real in diesem Leben hundertprozentig noch niemals gesehen hast. Und oftmals wachst du schweißgebadet auf, als hättest du sonst etwas hinter dir.

Kennst du das?

Entspann dich!!!

Deine Wahrnehmung ist immer nur ein Bruchteil im größeren Ganzen. Verstehe das, was du jetzt verstehst und lehne dich zurück. Motiviere dich daraus, das es mehr gibt als du dachtest!

Gehe einfach immer weiter und versuche im Sinne deiner Seele zu agieren.

Bis du mit ihr im Einklang bist. Eins bist!

Irgendwann!

Liebe als Kraftquelle

Die Liebe gilt nicht umsonst als die stärkste Kraft im Universum.

Sie ist befähigt, jeglicher Angst und Wut zu trotzen. Doch sie ist so viel mehr!

Ein Mensch ist geprägt durch seinen Lebensverlauf und das erste Bild, was er durch das Wort „Liebe" bekommt, ist eine glückliche Beziehung mit einem Partner.

Das allerdings, ist nicht die Liebe selbst, sondern eine Konsequenz, die sich daraus ergeben kann.

Liebe ist eine Energieform und versucht sie so auch einmal zu betrachten. Wie der Strom, der unsere Glühbirne zum leuchten bringt.

Stellt euch einmal die Liebe vor wie das Benzin, was unsere Autos fahren lässt. Sie ist unsere Grundessenz, die unser Körper oder wir als Mensch brauchen. Angst oder auch Wut sind auch Energien, doch sie wirken konträr zu uns selbst. Der falsche Treibstoff sozusagen, als wenn man Diesel in einen Benziner tankt. Da fängt der Motor bald an zu stottern.

Mir geht es einmal in diesem Text darum, zu verstehen, das Liebe sehr viel mehr ist als „ Schmetterlinge im Bauch". Liebe ist unser Grundzustand, den wir im Laufe dieses Lebens, auf Grund der Dualität und sämtlicher Suggestionen oftmals verlassen. Doch unser Körper reagiert darauf. Wir waren verletzt, wir haben gehasst, waren ängstlich und egomanisch. Wurde unsere Gesundheit in diesen Zeiten besser oder schlechter?

Das darf man verstehen, unser Körper zeigt uns stets ganz simple, wie es laufen sollte. Er unterhält sich mit uns, nur spricht er eben seine Sprache, die wir meist erst lernen müssen.

Fließt die Energie in uns, oder fließt sie nicht? Und wirklich fließen tut sie nur in der Liebe, mag euch vielleicht schon aufgefallen sein, aber es schadet ja nichts, es nochmals zu betonen. Wenn wir nun zum Beispiel sehr ängstlich oder wütend sind, dann haben wir Energien in uns, die unseren Fluss stören.

Es kommt zu sogenannten Knoten innerhalb unseres Energieflusses und unser Körper reagiert darauf, nämlich mit Krankheit! Das ist seine Kommunikation mit uns, wir können zuhören oder weghören.

Liebe macht uns auch weise, denn sie befähigt uns, die Dualität in uns und um uns aufzulösen, so dass wir übergeordnet und frei von jeglicher Bewertung, eine Situation oder Sache betrachten können. Sie nimmt uns quasi den Schleier von den Augen.

Und wahrscheinlich möchtet ihr nun fragen, wie es denn funktioniert, aus der Liebe heraus zu handeln und zu agieren. Das ergibt sich von selbst, in dem man Liebe einfach zulässt. Sie wirkt sofort wie eine Reinigung im Körper. Und man bekommt genug Liebe, nur lässt man sie immer zu?

Oftmals nicht, da die Liebe ja schon so oft verletzt hat. Das war aber nicht die Liebe, sondern die Bewertung, wie denn Liebe auszusehen hat. Und das ist auch der Punkt, der wie ein Hamsterrad oder eine Endlosschleife wirken kann. Es liegt an der Interpretation der Liebe!

Aus unseren Bewertungen entsteht Dualität und daraus ergibt sich Wut, Hass, Angst oder Verletzlichkeit. Es ist gar nicht so schwer zu verstehen oder umzusetzen, wie man meint. Steht es euren Vorbildern, euren Eltern oder Freunden etc. einfach einmal zu, nicht allwissend und perfekt zu sein. Das ist doch keine Schande! Erlaubt es ihnen! Denn so entspannt ihr in euren Blickwinkeln und reagiert nicht in allem dementsprechend.

Gerade in diesen Zeiten, wo es so leicht fällt, aus dem

Ego heraus in Wut und Angst auf die Dinge zu reagieren, wäre es vielleicht nicht schlecht, wenn man denn genau wüsste, warum man trotzdem aus der Liebe agieren sollte. Sie wird letztendlich die einzige Antwort auf alles bleiben!

Ansonsten wird euer Körper mit euch kommunizieren!

Du möchtest ein "guter Mensch" sein...

... oder ein "guter Mensch" werden?

Es beschäftigt dich, es ist dein Ziel?

Ein hartes Unterfangen, wenn ich das einmal so anmerken darf. Bist du denn nicht bereits ein guter Mensch? Nach was interpretierst du dich?

Hast du vielen Menschen weh getan?

Hast du Entscheidungen getroffen, die viel Leid hervorgerufen haben?

Und möchtest von nun an, ab heute, ein "guter Mensch" sein, um letztendlich innerlich vor dir selbst Buße zu tun?

Das ist nicht nötig! Du bist bereits das, was du sein möchtest, wie auch immer deine Interpretation von "gut" nun aussehen mag.

Was ist "gut", was ist "böse"? Diese Frage klärst du nur in dir!

Es ging nie um Buße! Es ging immer um verstehen!

Daher verurteile weder dein Leben, noch deine Taten! Denn sie mussten genau so sein, wie sie waren. Zum Verständnis deiner musste alles so sein, wie es war.

Wenn du Licht erklären und verstehen möchtest, dann brauchst du Dunkelheit. Wenn du Licht leben möchtest, brauchst du erlebte Dunkelheit. Ohne Dunkelheit siehst du das Licht nicht.

Genauso ist es bei "gut" und "böse".

Kannst du dir selbst verzeihen, kannst du auch Anderen verzeihen!

Wirst du zu Licht, strahlst du auch Licht!

Aber mach dich frei davon, einer Vielzahl an Interpretationen über "gut" hinterherzulaufen.

Reflektiere dein Leben, vergangen und zukünftig. Und du wirst immer genau richtig sein!

Gut oder böse? Eine müßige Qual, dessen Zeit du dir ersparen solltest!

Der Narzisst

Heutzutage befinden sich viele Menschen in Beziehungen, die der "Hölle auf Erden" gleichen.

Und sie können alles aus einem Menschen herausziehen, so dass letztendlich ein Wrack zurück bleibt, was Zeit braucht, wieder auf die Beine zu kommen.

Eine narzisstische Persönlichkeitsstörung ist dabei oftmals die treibende Kraft. Sie treibt einen Menschen an seine emotionalen Grenzen. Und Narzissten sind in dieser Gesellschaft keine Seltenheit und meist merken es ihre "Opfer" erst, wenn es bereits zu spät ist!

Narzissten sind prozentual anteilig eher männlich. Und da es sich oft um die augenscheinlichen "Supermänner" dreht, gleicht ein potentielles Opferbild einer riesigen Nachfrage! Narzissten wurden seit ihrer Geburt absolut "kühl" erzogen und damit meine ich frühestes Babyalter. Es wurde ihnen Gefühl und Empathie quasi aberzogen. Sie wurden "hart" erzogen, gedrillt keine Schwächen zu zeigen und die Kontrolle zu bewahren.

Der Narzisst entwickelt sich in der Regel ungefähr ab Beginn der Pubertät. Er sieht die ersten

Liebesbeziehungen in der Schule, die Verliebtheit, die Gefühle... doch kann er sie nicht nachvollziehen. Er analysiert, lernt die Strukturen von Gefühlen kennen und lernt, sie als sein persönliches Know How in sich zu integrieren. Narzissten saugen Informationen und versuchen über gesteigertes Wissen ihre eigene Gefühlsebene zu übertünchen.

Theoretisch begreift der Narzisst jedes Gefühl, nur es selbst zu fühlen, dazu ist er nicht fähig!

Der Unterschied zwischen einem Egomanen und einem Narzissten besteht darin, dass der Egomane absolut Mangel orientiert ist und aus diesem Grund nie genug hat, daher muss alles zu ihm und auch er sieht dabei nicht die "Opfer", die er zurück lässt. Ein Narzisst aber, bezieht seine Energie zwar ebenfalls aus einer gewissen Selbstdarstellung, allerdings mit Kalkül. Narzissten sind sehr gepflegt und legen sehr Wert auf ihre äußerliche Erscheinung. Allerdings nicht aus einem egomanischem Zwang, sondern aus einer klaren Analyse heraus, die bedingt, dass z.B. ein schöner Körper gewisse Vorteile mit sich bringt.

Aus seiner subjektiven Perspektive sieht sich der Narzisst durchaus als eine Art von "Superman" oder eine Art von "Gott". Er fühlt sich absolut souverän und überlegen gegenüber anderen Menschen. Ein Narzisst ist psychologisch bewandert und hat eine glänzende Rhetorik. So kann er schnell auch Schwachstellen bei seinem Gegenüber festmachen und sie mit ausgefeiltem Kalkül für seine Zwecke nutzen.

Auf Beziehungsebene treten Narzissten allerdings immer mit Menschen auf, die zu Abhängigkeiten neigen, nicht fest verwurzelt oder geerdet sind. Der Narzisst präsentiert der Person, nach Analyse dieser, genau die Person, die sämtliche Wunschvorstellungen präsentiert. Dabei wird Abhängigkeit forciert und gesteigert, indem der Narzisst den Herzbereich seines "Opfers" aktiviert. Er aktiviert das Mitgefühl, indem er sich aus angeblichem großen Schmerz zurückzieht, der absolut nur aus dem Verhalten der anderen Person zu begründen ist. Dadurch bringt er die andere Person in eine Bringschuld und diese wird dabei versuchen, ihre "angeblichen" Fehler wieder gut zu machen.

Dann geht der Narzisst einen Schritt nach vorn, um die Person alsbald wieder zurück zu stoßen. Das ein paar Mal und die abhängige Person befindet sich in einer Art emotionaler Trance, wo es für sie nur noch den Narzissten gibt. Läuft alles nach Plan, hat sich der Narzisst komplett einen Menschen gesichert und kann dadurch, ohne Angst vor Konsequenzen, bei einer anderen Person das Selbe durchziehen. Und nicht selten haben sich Narzissten allein sexuell einen ganzen Harem dabei zugelegt, den man komplett im Griff hat.

Läuft es aber nicht nach Plan und der Narzisst die Gefügigkeit der Person in Gefahr sieht, ist er eifersüchtig auf alles und jeden, denn sein Einfluss scheint angekratzt, gefährdet und er wird alles aus seinem Repertoire holen, um diesen Zustand wieder nach seinen Interessen richtig zu stellen!

Oftmals befinden sich Narzissten auf großer Bühne und sonnen sich in ihren Fans.

Wie bemerkt man, ob man es mit einem Narzissten zu tun hat, was sehr schwer ist? Denn ein Narzisst kann sich individuell auf verschiedene subjektive Wahrnehmungen einstellen. Nun, ein Narzisst wird z.B. in der Regel keine Kinder haben, zumindest hat er diese nicht bewusst forciert. Das liegt daran, dass Kinder augenscheinlich keinen Nutzen haben. Sollte er dennoch Vater geworden sein, weiß er zwar aus der Theorie, wie sich ein Vater unauffällig verhält, doch Kinder bemerken immer fehlende Empathie und die Bindung der Kinder wird zumindest in jüngeren Jahren absolut mütterlich sein.

Also schauen, wie geht ein potentieller Narzisst z.B. mit Kindern um!

Bei Tieren ist es ebenso. Hat der Narzisst einen Hund, ist der Hund super erzogen, doch emotional mit dem Tier schmusen, wird der Narzisst nicht! Wenn man sich also nicht sicher ist, so setze man einem potentiellen Narzissten ein Tier auf den Schoß und beobachtet den weiteren Verlauf.

Und die abhängige Person, so sehr sie auch an diese "Liebe" glauben wird, wird als Wrack enden, sofern sie nicht selbst die Reißleine zieht. Denn therapeutisch aus einem ausgefeiltem Narzissten einen emphatischen und herzlastigen Menschen zu machen, ist fast unmöglich. Allein schon, weil sich der Narzisst ebenfalls über jeglichem Psychologen ansiedeln würde, ihn auch in seiner Absicht schnell durchschauen würde, damit er als "geheilt" deklariert werden würde, sofern das in sein Kalkül passt.

Eine sehr gefährliche Verbindung!

Du hast eine perfektionistische Ader...

... und es macht dich schon oft kirre und du fragst dich, woher diese Ader stammt?

Ich versuche es dir einmal kurz zu erklären.

Kurz und knapp, es ging einmal um Aufmerksamkeit und um Liebe, auch wenn du dir das heute gar nicht mehr vorstellen kannst, weil diese Dinge gar nicht mehr unbedingt dein Thema darstellen.

Was ist damals passiert mit dir, wo du klein warst?

Ein Defizit an Aufmerksamkeit kann bei ganz kleinen Kindern sehr schnell entstehen und in diesem Bereich braucht man bei den Eltern auch nicht von irgendeiner Schuld sprechen, denn das Leben bewegt sich nun einmal. Es reichen dabei kürzeste Episoden, wo Elternteile vielleicht etwas unaufmerksamer waren als sonst. Etwas mehr mit sich selbst beschäftigt als sonst, vielleicht gab es Sorgen oder Beziehungsprobleme...

Ein Kind lebt vom Gefühl, es nimmt undifferenziert wahr, bildet eine subjektive, also persönliche, Wahrheit daraus und reagiert entsprechend auf dieses Gefühl.

Wobei das völlig normal ist, denn ein Kind kann ohne

Aufmerksamkeit im Gegensatz zum Erwachsenen nicht existieren. Wenn also Erwachsene sehr mit Verlustängsten etc. zu kämpfen haben, sind es die Kinder in ihnen, aus denen sie immer noch leben.

Ein Kind kann sehr kompromisslos sein, wenn es um die Aufmerksamkeit der Eltern geht!

Den Rebell/ die Rebellin dabei zu spielen, also frech zu sein und "Scheiße" am laufenden Band zu produzieren ist ein sehr probates Mittel, um die Aufmerksamkeit der Eltern unbewusst zu erlangen. Unsere "Problemkinder", von denen man ja immer viel hört. Eine anderes probates Mittel ist, seine Eltern permanent "stolz" zu machen. Einfach "perfekt" zu sein!

Dabei ist "perfekt" lediglich ein ständiges Ziel, was niemals erreicht werden kann.

Man integriert es in seine Persönlichkeit und es sitzt so tief im Unterbewusstsein, weil man sehr weit zurück gehen muss, um an den Ursprung zu kommen.

"Perfekte" Kinder stehen dabei ebenso wie die späteren Erwachsenen unter Dauerdruck. Sie sind die tollsten Schüler und glänzen mit ihren Noten und wird ein Etappenziel einmal nicht erreicht, fließen tausende von Tränen.

Aus dem Druck wird irgendwann ein Normalzustand, denn in einer Gesellschaft, die über ein "höher-schneller-besser-Bewusstsein" geprägt erscheint, wird einem zugejubelt und auf die Schulter geklopft, weil man so ein ehrgeiziger und fleißiger Mensch ist.

Nachteil eines Perfektionisten ist in der Tat, dass er permanent unter Strom steht, wohlgemerkt von Energie im Außen abhängig ist dabei und die natürlich angeborene Empathie, die über das Gefühl fließt, gerät dabei schnell mehr und mehr in den Hintergrund. Und da Menschen sowieso schon immer aus ihrer kleinen subjektiven Wahrnehmungswelt andere Menschen beurteilen, wird dieser "Standart" natürlich auch schnell auf umliegende Menschen übertragen. Die man dann kritisiert, beschimpft etc. .

Letztendlich ist es immer ein Nachteil, wenn man zu viele Jahre kopflastig lebt. Ganz besonders in Bezug auf die eigene Gesundheit. Weil ein "perfekter" Mensch stets in der Zukunft lebt, nie im Jetzt. Er will immer weiter, ist angetrieben und er weiß nicht wieso, es kommt von ganz tief Innen. Und ob das nun der Burn-Out ist oder der Herzinfarkt...

Ich sage immer, achtet auf Rückenschmerzen, denn mit diesen geht es immer los!

Auch sind "Perfekte" stärker suchtgefährdet als andere.

Egal ob Alkohol, Drogen oder Spiel. Diesem Dauerdruck nur kurz zu entfliehen ist die Oase und wenn man dieses Gefühl ohne diesen Druck erlebt, will man es natürlich immer wieder und möglicherweise irgendwann permanent.

Menschen haben nun einmal stets den Hang zum Extremen. Akribie in der Sache kann auch den Spaßfaktor z.B. im Job ausmachen oder ganz allgemein. Wir reden ja immer viel von Bewusstsein, was ja gar nicht unbedingt so viel mehr heißt, als einfach nur bewusst zu sein. In den Kleinigkeiten des Lebens.

Auch ein Grund, warum spirituelle oder esoterische Menschen oftmals immer am Rande des Existenzminimums leben, weil sie die Gesellschaft ablehnen. Es ist ein schwarz-weiß-Denken, in dem man lieber unter Brücken oder im Freien schläft, um den Rebell zu untermauern. Natürlich alles Bio und vegan, weil man Zeichen setzen wollte gegen die Masse.

Doch ist das entspannt? Lebt man so in Frieden? Ein bewusster Mensch schaut doch, wie sich die "Ist-Situation" seiner Umgebung darstellt. Ob nun familiär oder global. Und stellt sich übergeordnet diesen Herausforderungen!

Im Grunde ist Perfektionismus nichts anderes als eine Illusion. Denn bis wohin kann er denn gehen, doch immer nur bis zum Rande unserer Wahrnehmung und Wahrheiten. Aus dem Kopf heraus können wir doch gar nicht weiter denken, wobei es der Kopf aus logischen Gesichtspunkten dann doch wieder versteht, dass eine subjektive Wahrheit stets immer nur von den gesammelten Informationen abhängig ist.

Aber gut, evtl. definiert man ja "perfekt" auch lediglich nur durch eine Vorgabe. In der Schule geht es nun einmal gar nicht höher als die Eins. Und auch wenn man ein potentielles Genie darstellen würde, wird das innerhalb der Vorgabe ja nicht erfragt und alle sind zufrieden. Wenn also ein "Mathematik-Genie" sich innerlich über den Schwierigkeitsgrad einer Mathematik-Klausur innerlich halb totlachen würde und sich die Zensuren nur so aus dem Ärmel schütteln würde, wäre sein Ziel, zumindest "perfekt" vor den Menschen dazustehen um die es geht, letztendlich erfüllt.

Perfektionismus ist nichts weiter als ein psychologischer Zwang. Also lösbar, wenn man denn will. Bzw. wenn man denn etwas dabei erkannt hat. Das Leben verstehen...

... fängt mit dem Offensichtlichem an.

Sind wir größer als das Leben selbst? NEIN

Gibt es ein selbstdefiniertes Recht auf Irgendetwas überhaupt? NEIN

Unsere Erde ist Millionen von Jahren alt, wir aber kamen erst vor ein paar Jahren und werden in ein paar Jahren auch wieder gehen. Welchen Status hat also ein einzelnes Leben im Gesamtgebilde?

Wir sind hier zu Gast! Was aus der Konsequenz heraus eine gewisse Demut beinhaltet.

Und uns gehört hier auch nichts, weil wir kamen, ohne etwas mitzubringen!

Aus unserem Verständnis heraus, gehört uns stets vieles.

Wenn ihr bei euch zu Hause einmal Besuch empfangt, dann hat sich doch der Gast sicherlich auch als Gast zu benehmen. Was aber, wenn er sich überhaupt keine Gedanken darüber macht, dass es euer zuhause ist, wie würde er sich dann benehmen?
Es ist doch so, einem demütigem Gast, der dankbar ist, dass er überhaupt Gast sein darf, dem bringt man doch gern ein Stück Kuchen und einen Kaffee, oder?

Bei einem Gast, der sich breit macht, alles sein Eigen betrachtet, wie würde dieser von euch hofiert werden?

Sind wir in diesem Leben der Gastgeber? NEIN

Ist es selbstverständlich, dass vor dem Fenster der Vogel fliegt? Haben wir schon einmal darüber nachgedacht, wie viel Intelligenz z.B. in einer Fliege stecken muss, um der Klatsche auszuweichen? Haben wir uns schon einmal Gedanken darüber gemacht, wie der Organismus eines Flohs funktioniert. Wie wenig Platz Lebensenergie braucht?

Wir fragen uns, ob der Mensch eine Seele besitzt bzw. er selbst die Seele ist und der Körper quasi nur sein Gefährt... und wir zweifeln, weil man die Seele nicht zuordnen kann.

Vielleicht war diese Welt auch einfach nur da. Nur für uns, damit wir mal kräftig hier die Sau rauslassen können. Damit WIR etwas erleben, die Liebe erfahren, oder Reichtum und Wohlstand. Wir bewerten das Leben als gut oder schlecht, weil wir meinen, wir hätten ein Recht auf Leben!

Es ist nicht nur verrückt, es ist größenwahnsinnig zu glauben, dass sich diese Welt hier um uns dreht! Das alles nur da ist, zu unserem Gunsten!

Wir glauben das tatsächlich! Schaut man sich einfach mal um in der Welt. Wir instrumentalisieren Dinge, die schon immer da waren. Wir sind es, die neu sind! Nicht umgekehrt!

"Wie man in den Wald hinein ruft, so schallt es auch hinaus."

Ein Prinzip, welches die Menschheit immer weniger versteht!

Und man wundert sich über sein Leben, das Leben Anderer oder über die ganze Welt.

Man hat Liebeskummer, man trauert, ist depressiv oder traurig...

Das ist wie, als wenn sich zwei Gäste um eine Kaffeetasse streiten. Der eine ist traurig und trauert, weil die Tasse nun bei jemand Anderem ist. Als ob man jemals ein Recht auf sie gehabt hätte. Versetzt euch einmal in die Postion des Gastgebers und schaut euch einmal von Außen an, was ihr hier so alles treibt und tut... vll. macht es euch ja ein Stück weiser.

Es wird der Liebe nicht gerecht...

... wenn du sie ausschließlich romantisierst!

Denn Liebe ist NICHT Mangel, Liebe ist überquellende Fülle aus sich selbst heraus.

Und sie beweist sich nicht in den "guten Zeiten" ...

Was ist, wenn der "Prinz auf dem weißen Pferd" in eine Lebenskrise gerät? Physisch, psychische Probleme bekommt, dem Alkoholismus verfällt etc. ... ist dann die Liebe immer noch romantisch?

Oder wirst du gezwungen, über die Liebe selbst, einmal nachzudenken?

Über die Frage, was Liebe eigentlich ist?

Gesellschaftlich gesehen, entfernt sich das Wort "Liebe" immer mehr von sich selbst, denn es wird mehr und mehr zu einem Synonym für Mangelbewusstsein und das wäre ja komplett gegenteilig zu dem, was es im Grunde bedeuten sollte.

Aber letztendlich bleibt Liebe ein großes Wort!

Bei vielen Menschen beschreibt das Wort "Liebe" ein inneres Vakuum und zugleich eine Hoffnung. Die Hoffnung auf das befüllen dieser Leere.

Doch so begibt man sich in einen Kreislauf, in ein Hamsterrad, aus dem heraus du weder das Ende, noch einen Anfang erkennen kannst und es beraubt dich in vielen Jahren in der Qualität deiner zur Verfügung stehenden Zeit.

Zuerst einmal ist die eigene Interpretation von Leere in einem selbst, so schon falsch! Es ist alles vorhanden, nur innerhalb einer subjektiven Wahrnehmungsdiskrepanz begründet sich "Leere". Und diese fehlende Perspektive, führt automatisch zu einem Blick nach Außen.

Ich versuche es einmal, in einer Metapher zu erklären. Im Haushalt befindet sich ja öfter mal verschiedenes Gerümpel und überdeckt vll. auch einmal eine Kiste Mineralwasser. Und irgendwann hast du Durst! Du schaust dich um, es ist nichts da, zumindest nicht sichtbar. Also wäre es deine ganz normale Intention, aus dem Haus zu gehen, um etwas zu trinken zu kaufen. Und mit der Liebe verhält es sich ganz genauso. Man schaut nach Innen, keine Liebe da, zumindest nicht sichtbar. Also muss sie von Außen irgendwo her kommen...

Liebe befindet sich in jedem Menschen selbst! Mehr als genug davon!

Bekommt man Zugang zu dieser Quelle, so lässt sich auch aus der Liebe heraus agieren. Sie ist in dem Sinne keine Situation oder ein Ereignis, sie ist ein Zustand. Ein Zustand, der sich über das Herz und über das Gefühl heraus gestaltet.

Was auch bedeutet, es geht nicht mehr um Attribute, es geht nicht mehr um ein "weil". Liebe wird nicht mehr erklärbar, sie IST, zeitlos im JETZT!

In Bezug auf andere Menschen heißt das soviel, dass du entweder liebst oder nicht liebst und das ändert sich auch nicht, nicht morgen, nicht übermorgen. Liebe heißt nicht automatisch, mit einem Menschen in einer Beziehung leben zu müssen oder zu können. Nur ist dir der Ex-Partner heute komplett egal, war es auch damals schon keine Liebe.

Liebe folgt im Grunde nur der Resonanz, ganz gleich was der Verstand dazu sagt.

Und diese ewigen Kämpfe, ob es nun darum geht "Liebe" zu bekommen, oder aber, sie wieder loszuwerden, sind jenseits von jeglichem Sinn zu betrachten.

Du bist geprägt von deinen Informationen, die du bekommen hast und du warst von der Qualität der Informationsquellen immer abhängig. Wusstest du das?

Überprüfe dich und lebe authentisch, dann kommt auch ganz automatisch das zu dir, was zu dir gehört!

Viele Menschen sind eifersüchtig, wenn es um die Liebe geht...

... bist du auch ein eifersüchtiger Mensch?

Einfach nicht zu ertragen der Gedanke, dass wer anderes und NICHT DU Dinge mit dem Menschen praktiziert, den du liebst. Da kommt Angst auf, die Angst vor Verlust, oder?

Womöglich würde man dir einfach den Rang ablaufen und der Mensch den du liebst, würde vielleicht herausfinden, dass dieser neue Jemand gar nicht so viele Defizite hat wie du, dieser viel toller ist als du und viel mehr wert wäre, geliebt zu werden.

Was bedeuten würde, dass die Person die du liebst, ganz bestimmt niemals wieder zu dir zurück kommen würde...

Ja, du meinst deine ganzen Defizite ganz genau zu kennen! Vielleicht hast du ja auch recht mit dieser Einschätzung, vielleicht nicht... zumindest ist dein Selbstwert längst nicht so, wie man vermuten könnte, wenn man dich kennt. Doch was nützt es, wenn dich das Außen für selbstbewusst und wertvoll empfindet, doch du dich im Innen selbst nicht so siehst?

Deinem eigenem Innen kannst du nichts vormachen!

Und das bewirkt, dass du ständig in Angst lebst und unter Strom stehst, deinen geliebten Menschen wieder zu verlieren.

Und du wählst den Weg der Kontrolle, weil du das als einen Weg gewählt hast, auf deine Angst direkt Einfluss nehmen zu können. Wenn du also potentielle Möglichkeiten beschneidest, dass dein geliebter Mensch Jemanden kennenlernt und sich neu verliebt, dann kann doch eigentlich nichts passieren, oder?

Zuerst wirkt es sogar romantisch, sogar als klares Zeichen deiner Liebe...

Du willst immer und am liebsten rund um die Uhr mit deiner geliebten Person zusammen sein, du holst sie von der Arbeit ab, du wartest schon, bist immer zehn Minuten zu früh da ...

Und wenn du dich hinein steigerst, wird es wie zu einer Sucht. Es macht dich wahnsinnig. Hinter jedem Baum wirst du die Gefahr sehen...

Schon wieder wurde deine geliebte Person von Jemandem lieb begrüßt, angelächelt, angesprochen. Das kann doch nur das eine bedeuten, oder??? Vielleicht hatten die schon was miteinander?

Wenn es nach dir ginge und wenn es nicht illegal wäre, würdest du deinen geliebten Menschen bei dir unten im Keller anketten. Das wäre doch auch viel einfacher, du würdest ihn lieben und umsorgen und er hätte doch ein schönes Leben, weil, du bist ja da! Freiheit wird überbewertet, er kann ja frei sein... mit dir, zu zweit!

Aber das geht ja nicht... ist ja illegal, wie schade! Und wie gut hat es doch dein geliebter Hamster im Käfig... beschwert hatte der sich auch nicht. Er hat ja dich!

Wie wäre es mit Schuldzuweisungen?

Dir geht es immer so schlecht, bist so oft traurig ... und das nur, weil deine geliebte Person sich zu wenig um dich kümmert, dir zu wenig Liebe entgegen bringt. Wenn du sie jemals verlieren würdest, dann würdest du dich umbringen und Schuld trägt dann ganz allein sie! Sie muss dann ihr gesamtes Leben mit dieser Schuld leben.

Oder wie wäre es mit Drohungen der geliebten Person gegenüber?

Du drohst mit Gewalt oder gar Tötung der geliebten Person, sollte sie sich jemals von dir trennen! Es jemals wagen! Du würdest sie komplett fertig machen, sie und die gesamte Familie! Du würdest dafür sorgen, dass sie nie wieder in diesem Leben einen Fuß auf den Boden bekommt.

Hass ist oftmals nicht weit von der Liebe entfernt.

Kommt dir das alles bekannt vor?

ABER...

... einmal abgesehen davon, dass ausgeprägte Eifersucht ein höchst narzisstischer Indikator ist, ist dir bewusst, dass nur DU mit Beginn von Eifersucht, bereits an dem Stuhl eurer Beziehung sägst? Bist du wirklich sicher, dass du liebst und du auch weißt, was Liebe bedeutet?

Auch wenn du tatsächlich lieben solltest, fängst du innerhalb dieser Angst von Eifersucht an, dich nicht mehr authentisch zu verhalten. Dich zu verändern. Und beraubst deiner geliebten Person damit die Grundlagen um mit dir zusammen zu sein.

So funktioniert es nun einmal nicht.

Sei authentisch und es wird dir auch der Mensch begegnen, der dich authentisch liebt!

Hast du die Stärke, dich jeden Tag aufs Neue in deine Person zu verlieben und dich für sie zu entscheiden?

Was auch beinhaltet, dass du dich auch morgen gegen sie entscheiden könntest? Was wohlgemerkt auf Gegenseitigkeit basiert?

Kannst du das?

Es geht in der Liebe um die Qualität, nicht um die Quantität!

Nur ein Jahr, wo ihr euch begegnet wie am ersten Tag hat mehr Qualität, als vierzig Jahre in aller Quantität mit all den aufgebauten Gründen, warum man zusammen bleiben "musste".

Ein Sinn für Gerechtigkeit...

... macht nur dann Sinn, wenn er aus einer nondualen Perspektive heraus erzeugt wird.

Es bringt uns Menschen ansonsten kein Stück näher zusammen!

Im Gegenteil, es treibt uns Menschen auseinander. Speziell im Bereich einer "Gerechtigkeit", liegt durch die immens weit auseinander klaffende Spannweite, viel Potential zur Reflexion!

Menschen agieren, tun Dinge, regen sich auf und nennen sich selbst "Gerechtigkeitsfanatiker". Sie deklarieren für sich den Anspruch auf Gerechtigkeit, stehen dafür ein, kämpfen dafür und wenn es sein muss, tun sie es mit Gewalt. Doch was meinen sie mit Gerechtigkeit?

Meinen sie eine soziale Gerechtigkeit, in der alle das Selbe bekommen? Das salomonische Urteil, wo zwei Kinder immer gleich große Stücken Schokolade bekommen?

Meinen sie eine liberale Gerechtigkeit, wo alle die selben Chancen bekommen? Ein Wettkampf geprägt von Sportsgeist, in dem es Gewinner und Verlierer geben wird?

Oder meinen sie vielleicht die subjektive Gerechtigkeit, die komplett auf die Informationen Dritter zurückzuführen ist, wie Eltern, Umfeld, Gesellschaft usw. ? Die geprägt ist durch Ideologien, Werten, Prinzipien und Moralvorstellungen?

Aus einer nondualen Perspektive heraus, gibt es keinen kleinen Bereich, der sich außerhalb der Dualität bewegt. Außerhalb zweier polarer Extreme, außerhalb zweier dualer Interpretationen, außerhalb des eigenen Ichs. Ein sehr kleiner Bereich, ein Bereich in dem man ansatzweise von "Wahrheit" und "Gerechtigkeit" sprechen könnte.

Dort könnte sich ein neuer Pol innerhalb eines intellektuellen Menschen bilden. Ein Pol, auf den die persönlich individuelle Nadel des eigenen Kompasses zurück springt, wenn dann eigenes Denken beginnt.

Die Frage ist nämlich:

Leben wir das Leben, oder lebt das Leben uns?

Lasst uns gemeinsam unser Sein, unser Denken reflektieren!

Nicht nur für eine bewusstere Gesellschaft, zuerst einmal für uns selbst. Eine neutrale Perspektive erschafft Antworten, in jedem Bereich.

Menschen, die einander belügen, betrügen, sich gegenseitig etwas antun...

... tun das nicht, weil sie sich selbst für "böse Menschen" halten und "böse Menschen" nun einmal so etwas tun. Ganz und gar nicht. Es ist ihre Perspektive von Gerechtigkeit, von welcher auch immer, die sie subjektiv dazu legitimiert, das zu tun. Vielleicht gab es nicht die gleichen Chancen, vielleicht lag es an der Verteilung von Geld und Gütern, vielleicht lag es an einer Ideologie.

Wir können Menschen in Gefängnisse stecken, wir können versuchen sie zu zwingen, unsere Perspektive von Gerechtigkeit, mit all ihren Facetten, anzunehmen. Doch niemals wird sich so jemals etwas verändern. Nicht in der nächsten Generation, nicht in der übernächsten.

Glücklich sein

… ach ja, wer will das nicht?

Doch was verbirgt sich hinter dieser Aussage?

Das Menschen dem großen Glück hinterherlaufen, ist bekannt... sie laufen und laufen und laufen! Doch wenn man einmal etwas genauer hinschaut, geht es meist um einen Mangel, den man versucht und erhofft zu beheben. Dort geht man nach Priorität vor.

Wer nun Single ist, wünscht sich einen tollen Partner und eine tolle Beziehung. Das ist so sehr präsent, das man meint, dass das nun der entscheidende Schlüssel zum Glück wäre. Doch viele Menschen sind nicht Single, sie haben eine tolle Partnerschaft und dennoch laufen sie dem Glück hinterher. Dort liegt die Priorität vielleicht auf der Familie und wenn dort ebenfalls alles schön ist, sind es vielleicht Mängel in materieller Hinsicht.

Was es auch ist, das Prinzip ist im Mangel immer gleich! Und es hört auch nicht von allein auf!

Weil es eben auch gar nicht der Schlüssel ist!

Das Prinzip von Mangel bedeutet „Ich habe nicht

genug" bzw. „Ich habe weniger als genug!". Da wird es auch gleichzeitig klar, was das Prinzip von Fülle bedeutet, „Ich habe genug!" bzw. „ Ich habe mehr als genug!"

Und darauf möchte ich in diesem Text hinaus. Denn wir Menschen haben eine Menge von dem zu vergeben, wo wir mehr als genug von haben. Nur, wenn wir im Mangel leben, nehmen wir genau das nicht wahr. Wir sind fokussiert darauf, Mängel zu beheben. Und so wird es schnell zu einer Endlosschleife innerhalb seiner Wahrnehmung.

Mangel und Fülle sind deshalb auch nicht definierbar, es sind Lebenseinstellungen, die direkt aus unserem Inneren kommen!

Viele Menschen haben viele Dinge nicht! Sie haben keinen Partner, kein Geld oder keinen Job. Aber haben sie nun gar nichts? Nein, sie haben eine ganze Menge, der Blick geht nur nicht darauf!

Hat man es denn schon einmal versucht, etwas zu teilen oder etwas zu verschenken?

Was es auch ist, es macht glücklich, denn es ist ein absoluter Ausdruck von Fülle!

Ihr könnt der Feuerwehr beitreten, um Menschen aus

brennenden Häusern zu retten. Ihr könnt euch für eine Knochenmarkspende registrieren, um Leben zu retten. Ihr könnt auch nur ganz banal einen Kuchen backen, damit Menschen nach einer Blutspende was zu futtern haben.

Versucht es mal, es macht glücklich.

Warum schreibe ich? Weil es mich glücklich macht! Ich schreibe einfach nur ein paar Dinge auf, die sowieso längst in mir sind. Ich könnte sie ja auch für mich behalten, aber das wäre schade. Und wenn dann auch nur von einer Person ein Feedback kommt, dass es ihr durch meine Texte besser geht, dann durchfließt mich ein Glücksgefühl, dann habe ich etwas bewegt!

Versteht ihr? Ich könnte auch Tag ein Tag aus hier sitzen und mir den Kopf darüber zerbrechen, was ich alles nicht habe, aber das wäre schade.

Ja mag sein, ihr seit traurig. Vieles könnte viel schöner sein, wäre es anders.

Das hat aber nichts mit Mangel und Fülle zu tun! Es ist auch nicht entscheidend für Glück oder Unglück! Denn ich kann auch glücklich in Fülle leben und trotzdem traurig sein oder weinen.
Fangt an zu wirken, gebt das weiter, von dem ihr zu viel habt!

Angst

Ein Gefühl, was uns so oft blockiert, was uns schon so oft in falsche Richtungen geführt hat!

Und vor allem, was uns schon so oft in falsche Entscheidungen geführt hat. In Entscheidungen, die wir so gar nicht treffen wollten!

Wir ärgern uns darüber, sind traurig darüber und stehen uns durch unsere Angst, oft selbst im Weg. Und wir wissen es auch ganz genau, wir nehmen es durchaus wahr, doch sind wir wie starr! Wir wollen etwas tun, von dem wir überzeugt sind und was sich auch richtig anfühlt. Doch bevor wir es ausführen, zieht sich alles in uns zusammen!

Ein paar kurze Gedanken, vor unserem Tun, die innerhalb von Sekunden, alle möglichen Eventualitäten abwägen. Positiv und negativ, wobei negativ schwerer liegt.

Stellt euch zwei Stimmen in euch vor, die des Herzens und die des Egos! Das Ego bringt einen Einwand, wie „ Hallo Mensch, bevor du es jetzt tust, solltest du Dies und Jenes dabei eventuell berücksichtigen." Das verunsichert uns, unser Körper reagiert, wir haben nur dieses kleine Signal ausgesendet und es kommt zu einer Reaktion.

Daraufhin bietet uns das Ego sofort eine alternative Entscheidung an, die oftmals völlig konträr zu dem liegt, was wir eigentlich wollten. Die meist auch gar keinen Sinn ergibt, im Zuge unserer grundsätzlichen Überzeugung und Absicht. Instinktiv nehmen wir diese Alternative an und Handeln aus unserem Ego heraus.

Später, wenn wir wieder zu Ruhe gefunden haben, können wir uns überhaupt nicht mehr erklären, weshalb wir nur so handeln und reagieren konnten. Man fühlt sich wie fremdgesteuert, fühlt sich, als ob ein Anderer dieses Vorhaben ausgeführt hätte!

Vielleicht haben wir dadurch auch Schaden angerichtet, den wir nie im Leben anrichten wollten und wir schämen uns, ziehen uns zurück, können beteiligten Personen nicht mehr in die Augen sehen etc. . Wir sind unzufrieden mit uns und wir lieben uns auch nicht!

So viele Male im Leben, haben wir uns so erlebt und wir sind ratlos, hilflos und sehen überhaupt gar keine Möglichkeit, unsere Ängste irgendwann einmal abzulegen.

Doch wie entstehen unsere Ängste?

Dabei darf man erst einmal verstehen, dass auch unser

Ego, lediglich auf Informationen zurück greifen kann, die bereits in uns sind!

Und diese bei unserer Geburt noch leere „Festplatte" des Gehirns, wurde über die Jahre gefüllt. Durch Suggestionen, die wir wahrnehmen. Wir nehmen immer nur auf, alles! Alles was um uns herum passiert oder gesagt wird, nehmen wir auf. Daraus entstehen Glaubenssätze, die bei genauerem Hinsehen, lediglich die Glaubenssätze anderer waren. Es sind gar nicht unsere eigenen!

Haben wir vielleicht noch nie drüber nachgedacht. Es können gar nicht unsere sein, wie denn auch, ab wann sind bzw. wären wir denn überhaupt befähigt, eigene authentische Glaubensmuster zu bilden? NICHT ALS KIND!!!

Woraus denn? Da ist ja nichts! Die „Festplatte" war leer!

Stellt euch ein Bild vor, von einer klaren Welt und daraus machen wir ein Puzzle! z.B. 100.000 Teile! Man nimmt es komplett auseinander, hat nun einzelne Puzzlestücke und diese kippen wir nun über einen Trichter, in einen leeren Kopf. Könnt ihr euch das bildlich vorstellen? Wie sieht es nun aus, das Bild von einer klaren Welt? Ihr wisst es nicht! Vielleicht habt ihr bereits 1000 Teile zusammen gesetzt und fangt an, das Bild hypothetisch zu interpretieren. Aus den Möglichkeiten, die euch diese 1000 Teile geben. Mehr ist nicht möglich!

Die Herausforderung des Lebens, dieses Puzzle zusammen zu setzen. Nur das bringt Authentizität! Nur das wäret tatsächlich ihr, nur daraus könnt ihr sehen, ob eure Glaubenssätze überhaupt wahr waren. Nur so, werdet ihr herausfinden, wer ihr tatsächlich seit!

Viele von euch haben Ängste, wenn es um das Thema Sicherheit geht. Und das ist auch kein Wunder, denn was hat man nicht alles darüber gehört? „ Wenn du keine Ausbildung hast, wirst du später einmal unter einer Brücke schlafen!" usw. , solche Dinge, die hat Jeder schon mal gehört! Und unsere unwissenden Eltern, unser unwissendes Umfeld haben es dabei gut gemeint, Angst war ein probates Mittel, um Kinder zu erziehen. „Wenn du jetzt nicht schläfst, dann kommt der böse Butzemann!" … ich könnte hier noch tausende Beispiele nennen, aber ich denke, wenn ihr einmal in euch geht, ihr werdet euch schon daran erinnern, was ihr so alles gehört habt. Seit Generationen ist das so und auch für unsere Eltern, war das ganz normal!
Sie sind, waren Teil eines Systems, einer Schablone, die sich über die Jahrhunderte gebildet hat. Und sie sehen es als ihre größte Aufgabe an, euch Kinder, zu

einem „anständigen" Bürger zu erziehen, der sich auch innerhalb und ohne große Probleme, in dieser Schablone bewegen kann!

War nicht böse gemeint, ganz im Gegenteil. Aus Liebe wurde so erzogen, man wusste es nur nicht besser. Über das Puzzle, was es zusammen setzen galt, wusste man doch nichts!

Doch dort, genau dort, liegt der Ursprung für Angst!!!

Angstzustände, Depressionen etc. sind eine Reaktion des Körpers, ein Ventil, weil unter der Oberfläche ein Punkt erreicht wurde, wo das "Fass" schlichtweg voll war.

Ein Prozess über Jahre meist.

Vieles im Leben ist unangenehm. Der Mensch weiß, würde er sich mit Diesem oder Jenem auseinander setzen, würde ein unangenehmes Gefühl entstehen. Und der Mensch gewöhnt sich daran, Dinge auszublenden, ihnen aus dem Weg zu gehen. Er lenkt sich permanent ab, scheut die Ruhe, damit gewisse Dinge gar nicht erst nach oben kommen. Er reizt sich über verschiedene Medien wie Fernsehen, Handy, Computer etc. , trinkt vielleicht auch Alkohol und ist in permanenter Bewegung. Über die Jahre sammelt man und sammelt man.

Und kommt es doch etwas hoch, halten Glaubenssätze und Wertungen auf Distanz.

Beispiel: Der Vater trinkt. Eine gute Begründung für alles, was in der Familie so passiert. Als Kind wurde vielleicht der versprochene Ausflug vergessen, Gelder wurden versoffen, die vielleicht für Spielzeug etc. gedacht waren. Und auch die Kommunikation wird drastisch. Nicht nur vom Vater selbst, der vielleicht alkoholisiert war, sondern alle mögliche Menschen im Umfeld, die eine Situation aushalten und wegdrücken, werden nun härter. Ein liebevoller Umgang nimmt immer mehr ab.

Ein guter Grund viele viele Tränen zu vergießen, doch das hat man nicht getan. Man hat in der Regel nicht geschrien: "Stopp, ich bin hier das Kind!"

Man arrangierte sich mit einer Situation innerhalb seiner Wertung. Wut sicherte die Distanz. Der Vater wird Gründe haben, warum er trinkt. Doch will man diese Antwort darauf wissen? Damit wäre man womöglich überfordert, denn für alles, was im Leben so war oder nicht war, hatte man letztendlich ihm die Schuld zugeschoben.

Das bewirkt, dass man außerhalb seiner eigenen Authentizität lebt. Man lebt also nicht aus sich heraus, sondern in sich hinein und das ist letztendlich ein agieren gegen sich selbst, worauf der Körper im Laufe des Lebens irgendwann reagiert.

Es wurde zu wenig Liebe erfahren, zu wenig Zärtlichkeit. So gern wollte man einen Vater, zu dem man aufschauen konnte. Oder zumindest eine Mutter, die das Heft in die Hand nahm und Defizite ausgleichen würde. Vieles ist nicht geschehen und man will es ganz einfach nicht vergeben und verzeihen. Und man fühlt sich dabei absolut im Recht.

Doch ist es das Kind in einem Menschen, was dort agiert!

Durch nicht verzeihen, hielt man auch am Kind in sich fest und agierte unbewusst viele Jahre aus diesem heraus.

Doch wie würde ein Außenstehender die Situation sehen?

Man ist erwachsen, hat Familie und Kinder und hat im Grunde all das, was man als Kind nicht hatte. Man könnte längst sagen, dass zwar etwas war wie es war, es aber keine Relevanz mehr hat, da man ja längst nicht mehr ein Kind ist. Dieser übergeordnete Blickwinkel an sich selbst ist für einen Menschen meist sehr schwierig.

Und das Entscheidende ist:

Da man über seine eigene Authentizität quasi eine Klappe zugemacht hat, war man darauf angewiesen, über das Außen gewisse Wege anzunehmen. Heißt, andere Menschen sollten einem den Weg zeigen und das führt dazu, dass Glaubenssätze in allen möglichen Dingen exorbitant in die Höhe schnellen. Das führt zu immensen Druck, wenn Wege nicht aus einem selbst kommen, nicht authentisch zu einem passen. dann erreicht man sie in der Regel auch nicht.

Man kennt das ja, es geht schon in der Schule los mit den Noten. Später muss man arbeiten, um einen anständigen Bürger darzustellen. Man rennt materiellen Werten hinterher, meist nur um seiner Umwelt zu zeigen "Seht her, das konnte ich mir leisten. Ich bin wer!"
So bewegt man sich Jahre innerhalb einer Oberflächlichkeit.

Ich hab das ja schon öfter geschrieben, ich bin nicht so der Fan von endlosen Therapien. Es geht um eine Entscheidung! Eine, die das ganze Leben auf links dreht.

Und sie heißt: "Alles, was ich meinem Leben dachte, wie es wäre, IST NICHT WAHR!!!"

Durch diese Entscheidung bildet sich eine Freiheit und aus dieser schaut man sich ganz in Ruhe an, welche Dinge im derzeitigen Leben überhaupt von Relevanz sind. Und das sind nicht die Dinge von vor 30 Jahren!

Die Dinge, auf die es ankommt, geht man dieses Mal authentisch an und hinterfragt sie, bildet eigene Antworten, Sichtweisen und Blickwinkel. Ein paar Beispiele:

Liebe ich meine Kinder? JA

Liebe ich meinen Vater? JA

Liebe ich meinen Job? NEIN

usw. usw. usw. ...

bis hin zu sich selbst. Wer bin ich überhaupt? Mag ich mich denn?

Früher wären bei dieser Frage sofort die Bewertungen Anderer in den Kopf geschossen, doch innerhalb dieser Freiheit kann nun diese Frage völlig allein und ohne Druck beantworten.

JA, man mag sich! Es wäre absolut unnatürlich sich selbst nicht zu mögen.

Und diese Klarheit setzt auch wieder Dopamin und Endorphine frei, der Körper erholt sich restlos und bei allem, was man nun in der Zukunft tut, fragt man sich vorher, ob man das denn überhaupt möchte.

Wechsel der Perspektive

Bist du Seele oder Mensch?

Die Antwort auf diese Frage bzw. die Bewusstwerdung dazu, kann dein gesamtes Leben verändern, wenn du dich gegenüber dieser anderen Perspektive öffnen magst.

Vielleicht bist du nicht glücklich in diesem Leben, weil du vielleicht krank bist, womöglich bereits krank geboren wurdest. Weil du vll. in Armut oder Hunger und Durst aufwachsen musstest. Weil du in der Kindheit wenig Liebe erfahren hast etc. etc. etc. ...

Und du gehst zum Psychologen, pflegst dein „Inneres Kind" oder machst Familienaufstellungen um die Verstrickungen deiner Ahnenreihe endlich aufzulösen...

Vielleicht hast du dich auch bereits hingegeben dich selbst zu hassen, weil du so viele Attribute physisch oder psychisch in dir trägst, die du als so schrecklich empfindest, dass es dir ganz einfach nicht möglich ist, dich selbst zu lieben.

Und du siehst dich als Mensch, nicht wahr? Du sprichst von deiner Seele als etwas, was in dir ist.
Was aber, wenn du selbst die Seele bist?

Dieses drei Gramm schwere Etwas, was nach deinem Tod den Körper verlässt...

Es würde bedeuten, dass du als Mensch lediglich das Gefäß für dich selbst darstellst. Dein Körper, der seit deiner Geburt wuchs und wuchs und mit Informationen gefüttert wurde. Willkürlich mit welcher Art von Informationen, voll von Glaubenssätzen und Ideologien, nach europäischem Standard manchmal als „gut", manchmal als „böse" tituliert...

Es wäre nichts anderes, als wenn du dir ein gebrauchtes Auto kaufst!

Und du hast vorher abgewägt und ausgewählt, was es genau für ein Auto sein sollte.

Das Auto selbst hatte vielleicht fünf Vorbesitzer, die es alle unterschiedlich pfleglich behandelt haben. Eventuell ist es sogar ein Unfallwagen, vielleicht hat das Auto bereits den dritten Schaden am Motor hinter sich, kann alles sein...

Vielleicht ist es ein Sportwagen, der allein die Spur hält oder allein einparkt. Oder auch ein älterer Wagen, wo du die Fenster noch selbst runter kurbeln musst...
Was es auch ist, du bist dir dessen voll bewusst und entscheidest dich mit vollem Bewusstsein für dieses

Auto. Niemand hat dich gezwungen es zu kaufen! Du lebst mit den Attributen die es darstellt und die durch die Vorbesitzer angerichteten Schäden, nimmst du dabei in Kauf.

Würdest du jemals auf die Idee kommen zu verkünden, du selbst wärst das Auto???

Kannst du dir vorstellen, dich als hässlich zu empfinden, weil dein Auto Beulen in Tür und Motorhaube hat? Oder als dumm, weil dein Auto nicht über einen Bordcomputer verfügt und du selbst einparken musst? Oder als nicht leistungsfähig, weil dein Auto nur ganz wenig PS hat und alles andere als ein Sportwagen ist? Oder als wertlos, weil dein Auto gar nicht mehr erst anspringt?

NEIN!!!

„Was hab ich denn mit meinem Auto zu tun?", würdest du sagen! Gar nichts!

Genau! Gar nichts! Überhaupt gar nichts!!! Es ist lediglich ein Gefäß, ein fahrbarer Untersatz.

Auch du als Seele hast den Menschen als Gefäß gewählt, aus vollem Bewusstsein heraus und du kannst dir sicher sein, du hattest alles abgewägt, alles! Du wolltest genau diesen Menschen, weil er über eine

Art „Autopilot" einen ganz gewissen Weg bereitstellen würde.

Ja, du bist abhängig von dem übertragenen Wort, von Glaubenssätzen querbeet durch deine Ahnenreihe. Du bist abhängig von Genetik, von vererbten körperlichen Defiziten. Du bist abhängig von Psychogenetik, Traumata und Eigenarten deiner Ahnen, die bereits ohne ein gesprochenes Wort in deinen Zellen gespeichert sind.

Und es war vorgezeichnet, was dir alles widerfahren würde als Mensch. Du warst vielleicht Verlust, Trauer und Gewalt ausgesetzt, weil eben auch dein Umfeld ausrechenbar vorgezeichnet diesen einen gewissen Weg einschlagen würde.

Und genau dieses Leben, hast du dir als Seele, als dein persönliches Abenteuer ausgesucht.

Du bist nur der Pilot, mach dir das klar! Makellos, liebevoll und wunderbar!

Unser Universum basiert auf nicht zu begreifender Mathematik und Wahrscheinlichkeitsprognosen, weit über Quanten hinaus! Alles hat seinen Ursprung und seinen Grund, alles basiert auf Ursache und Wirkung. Du kannst es auch Seelenplan nennen.

Du fährst also mit deinem Auto deiner Wahl durchs Leben und es liegt allein an dir, ob du aus dem Fenster siehst und die Landschaften betrachtest, oder ob du stetig auf dein Auto fixiert bist, weil du vielleicht lieber ein anderes fahren würdest...

Deine Entscheidung! Die kann dir Niemand abnehmen!

Eine Wahrheit...

... ist in der Regel nichts weiter, als eine subjektive Interpretation.

Sie entsteht aus der Verarbeitung der Möglichkeiten, die sich allerdings individuell auf die zur Verfügung stehenden Informationen reduziert. Und würde man andere Informationen bekommen, würde die persönliche Wahrheit ganz anders aussehen.

Warum ist das wichtig?

Es ist in sofern wichtig, weil so das Grundgerüst einer dualistischen Welt erzeugt wird!

Das Prinzip der Dualität auf dieser Erdkugel lässt sich selbst nicht verändern, aber es lässt sich verstehen und daraus heraus lässt sich die Dualität zumindest außer Kraft setzen.

Da darf jeder Mensch ganz genau darüber nachdenken, was eine subjektiv interpretierte Wahrheit für oftmals gravierende Auswirkungen hat auf diese Welt!

Es geht hierbei um einen Grundsatz der Bewusstseinslehre, wobei auch hier ein Großteil in der Regel nicht einmal weiß, was Bewusstsein oder ein bewusster Mensch überhaupt bedeutet. Ein großes Defizit in der allgemeinen Bildung.

Zuerst einmal darf man unterscheiden zwischen subjektivem bewussten Verständnis und universell gültigen und nicht veränderbaren Prinzipien. Ein Mensch mag sich bewusst fühlen, weil er gewisse Bücher gelesen hat, Dinge erlebt hat und daraus glaubt, etwas Bestimmtes zu wissen. Das mag sein, vielleicht trifft dieses zu, vielleicht aber auch nicht. Es reicht schon eine Person mit anderen oder keinen eigenen Erfahrungen in diesem Gebiet und es steht Verständnis gegen Unverständnis. Und die menschliche Vorstellungskraft ist zwar grundsätzlich riesig, gewisse Dinge würden sie aber übersteigen und demzufolge schließt man sie subjektiv als Möglichkeit aus.

Und das passiert sowohl im Kleinen als auch im Großen.

Es ist das Prinzip der Dualität und dieses Prinzip macht aus unserer Erde einen Ort voller Krieg, Konflikte und Gewalt. Aber auch jeder kleinere Streit basiert auf diesem Prinzip. Deshalb haut Grundschüler einem anderem Kind auf die Nase. So wächst man auf, man lernt es so und versteht es demzufolge auch nicht anders.

Die Dualität selbst ist kein Geschehnis, eine Abfolge oder eine Situation, die interpretierbar wäre. Sie ist zwar ebenfalls als eine subjektive Information zu deuten, sofern sie das menschliche Gehirn erreicht, aber als universelle Prinzip ist sie über die Generationen nicht veränderbar. Und diese Art von Prinzipien sollten schleunigst in die Schulen und in die Bildung. Sie sind an den Universitäten völlig falsch aufgehoben, denn solche Informationen müssen zum Kind!

Und man kann es ganz wunderbar erklären und üben!

Man stelle einen Preis als Motivation in den Raum und man lasse ein extrem sportliches Kind und ein gehbehindertes Kind deuten, was z.B. das Adjektiv "schnell" bedeutet. Ein Adjektiv, welches aus einer einem komplett gegenteiligen Wahrnehmung interpretiert werden wird. Und da beide Kinder gerne den Preis hätten, werden sie anfangen, sich über die Wahrheit zu streiten. Und sofern man nicht dazwischen gehen würde, könnte es sehr wohl und ganz schnell in einer gewalttätigen Entgleisung enden. Und das nimmt man einmal auf Video auf und erklärt damit die Dualität auf der ganzen Welt.

Es wäre so nötig!

Wir haben hier eine Welt, in der sich Menschen umbringen z.B. auf Grund einer unterschiedlichen Auffassung einer Religion. Attribute wie Menschlichkeit, Freundlichkeit, Liebenswürdigkeit etc. sterben immer mehr aus und von moralischen Aspekten mag ich gar nicht reden...

Normalerweise wäre ich ja ein Freund bekannter Phrasen wie "Jeder darf seine Wahrheit haben" oder "Jeder sollte seine Meinung äußern", doch ist mir das viel zu willkürlich, denn eine Meinung leise im eigenen Kopf zu genießen ist das eine, sie einer breiteren Fläche zugänglich zu machen ist das andere. In der Regel polarisiert man damit schon und wer jetzt auch noch das das Prinzip der Polarität verstanden hat, wird verstehen, dass man damit automatisch Unfrieden schürt!

In dieser neuartigen Zeitqualität gibt es so viele Menschen, die von Liebe und einer besseren Welt reden oder schreiben und fast alle davon, haben persönliche Schicksalsschläge und Schmerzen hinter sich, sind so ins Herz gekommen und versuchen nun etwas zu bewegen. Bedeutet aber auch, jeder in der Regel bringt mindestens unbewusst seinen persönlichen Schmerzpunkt in einen gut gemeinten Ratschlag mit ein. Und wenn nun der Empfänger die Prinzipien von Dualität oder auch Polarität noch nicht verstanden hat, wird er die Aussage eines Anderen nicht als ein persönliches "Brainstorming" betrachten, er wird es schwarz oder weiß betrachten.

"Deine Wahrheit, deine Meinung ist mir scheißegal, denn sie bringt nichts als Unfrieden!"

... darf ich das so schreiben?

Ja, ich glaube schon! Denn morgen gehe wieder zur Arbeit und nach ner Stunde steht dann ein Kollege neben mir, der mir dann mal "ganz im Vertrauen" erzählt, wie faul der Kollege doch schon wieder ist, oder was ein anderer Kollege nicht schon wieder alles falsch gemacht hat...

Das macht mich wahnsinnig, da muss man mal drauf achten, x-mal am Tag ist man mit Meinungen konfrontiert. Und wenn eine Meinung auch positiv sein mag, da kann doch das Ego des Empfängers doch auch schon wieder im seltensten Fall mit umgehen...

Es fehlt an Bewusstsein in dieser Welt, deshalb muss diese Lehre in die Schulen!

Und dann soll auch wieder jeder seine Meinung sagen! Unbedingt, denn dann ist der Empfänger darin geschult, sie auch gewinnbringend zu verarbeiten. Deshalb kann ich bis zu diesem Punkt auch nichts mit Demokratie anfangen, aus deren unterschiedlichen

Ideologien Menschen andere Menschen diffamieren oder sogar ihre Heime anzünden.

Man schwärmt so sehr von den Idealen der westlichen Welt, aber ganz ehrlich, die meisten Bürger in diesem Land möchte ich lieber nicht an der Bedienung wichtiger Knöpfe sehen!

Ich hoffe doch, ein jeder von euch, macht sich ein wenig Gedanken darüber, wie diese Welt zu einem besseren Ort werden könnte. Und auch eine Autokratie wäre natürlich nicht die Lösung, auch wenn sie noch so viel Liebe beinhalten würde.

Interpretationen in der Liebe

WENN ER/SIE DICH LIEBEN WÜRDE, JA DANN WÜRDE ER/SIE...

- dir die Tür aufhalten
- mal ein Geschenk mitbringen
- dich auf Händen tragen
- dir ewig treu sein
- dein Lieblingsessen kochen
- dich ins Kino einladen
- nicht so oft Fußball spielen
- nicht so viel Bier saufen

... und immer so weiter. Eine geballte Ladung an Glaubensmustern, die man im Laufe des Lebens irgendwo einmal gehört hat und unüberprüft als "wahr" deklariert hat.

Viele Menschen sind der Meinung, dass die Liebe so schwierig und so kompliziert wäre...

Prozentual sind sehr viele Beziehungen in diesem Land nicht durch Liebe, sondern ausschließlich über Glaubenssätze geprägt. Doch wer weiß überhaupt, was Glaubenssätze sind? Woher sie kommen, was sie bewirken? Das sind doch bisher nur wenige Menschen. Liebe ist über die Jahrhunderte vieles genannt worden, wobei man dabei allein schon die Rollen von Frau und speziell dem Mann hinzuziehen darf.

Heute bewundern sich Menschen, sind geil aufeinander, teilen den selben Fetisch, sichern sich gegenseitig ab, benutzen sich gegenseitig als berufliches Sprungbrett usw. usw. ... Promis sind permanent bereits fünfmal geschieden und bei einem selbst, lag es lediglich daran, dass für eine Scheidung nicht das Geld zur Verfügung stand.

Doch die Liebe und das ist ja gerade das Besondere und das Schöne an ihr, ist kein bisschen kompliziert, anstrengend oder gar leidvoll.

Liebe ist eine Energieform, die über das Herz verläuft. Sie ist einfach nur ein Gefühl, Energie! Da kann es gar nicht zu Interpretationen kommen, weil der Kopf, der Gedanken und Glaubenssätze produziert, sich auf einer ganz anderen Ebene bewegt und mit der Liebe gar nichts zu tun hat.

LIEBE IST...

... doch kann sie nur über eine eigene Selbstliebe nach Außen so gelebt werden, wie sie ist! Ist man nicht in der Selbstliebe, bewegt man sich in einem Mangelzustand, in einem "Ich habe nicht genug" und dadurch allein, kann Liebe nicht gelebt werden, weil sie eine ganz und gar gebende Energie ist.

Und damit man mich richtig versteht, Interpretationen sind Bestandteil unserer Welt und es ist die gelebte Dualität, dass alles nach eigenen Meinungen interpretiert wird.

Doch in diesem Fall ändert man damit nicht, was einfach nur IST.

Wenn du Liebe in die Welt senden willst...

... dann tue dies abseits deiner subjektiven Ideale und Ideologien.

Denn die Welt ist nicht nur deine Stadt, dein Land oder dein Kontinent.

Sende die Liebe dorthin ...

... wo alle Menschen auf dieser Welt gleich sind.

In die Neutralität der Seele selbst, in ein Herzbewusstsein, was aus Liebe selbst besteht.

Verstehe...

... dass der Subjektivität keinerlei Grenzen gesetzt sind! Bedenke das!

Löse dich von deinem Verständnis von Gut und Böse!

Du möchtest Liebe aussenden? Die Welt zu einem besseren Ort machen? Als ein Vorbild voran schreiten?

Löse dich von deiner Interpretation von Liebe!

Und wisse, du kannst nichts strahlen, was du nicht bist!

Wenn du also traurig darüber bist, dass du keinen Partner hast, keinen Job hast, keine Freunde hast, kein Geld hast, keine Güter hast etc. etc. , dann kompensiere das nicht dadurch, dass du in Liebe strahlen möchtest. Obdachlosen und Kranken hilfst etc. .

Denn DAS bist nicht DU!

Kümmere dich um dich und mach deine Hausaufgaben. Setze dich in Relationen, um dich selbst zu begreifen. Um dich selbst kennenzulernen. Um dich selbst zu lieben.

Erzeuge in dir das Licht, was du senden möchtest. Und lass es strahlen, Tag und Nacht!

Güte, Freundlichkeit, Menschlichkeit, Liebe...

... wird auf der ganzen Welt unterschiedlich interpretiert.

Verabschiede dich von dem Wort "Liebe", hör auf zu denken und folge deinem natürlichem Impuls!

Lebe diesen Impuls, der in jedem Menschen vorhanden ist und in dem wir alle gleich sind.

Verabschiede dich von dem Wort "böse". Ersetze es durch "Angst", dort liegt der Ursprung zu konträrem Herzhandeln.

Verstehe es. Habe Mitgefühl und lerne zu verzeihen.

Die Welt verändert sich nicht durch Worte, nicht durch moralische Werte, Ideale oder Ideologien.

Verstehe die duale Trennung innerhalb der Interpretation einer Sache.

Weisheit

... ist sicherlich zuerst einmal aus einer subjektiven Interpretation heraus gemundet.

Daher ist die Beurteilung Anderer, ob man nun weise sei oder nicht, ebenfalls subjektiv interpretiert und dadurch nicht unbedingt aussagekräftig. Vielleicht wissen die Anderen auch nur extrem wenig, wodurch allein ein bereits leicht erhöhtes Wissen auf Weisheit schließen könnte.

Dennoch ist es ein ganz interessantes Thema.

Viele Menschen haben ja einen gewissen Drang zur Weisheit und sind auf der Suche. Auf der Suche nach Wissen. Eine Fehlinterpretation, die bereits durch unser Schulsystem zu großen Irrtümern führt. Denn eine Masse an Informationen, macht einen Menschen weder intelligent, geschweige denn weise.

Weisheit ist wie ein Mythos zu sich selbst, dem man hinterher jagt.

Was ist denn Weisheit, wie findet man sie, wie kommt man zu ihr?

Das ist wiederum eine Frage, die man beantworten kann. Und dennoch ist die Frage nicht ganz richtig gestellt. Wo geht es denn hin, wenn man seinen subjektiven Blickwinkel verlässt? Es geht in das Reich der Thesen und Hypothesen, wie ein Märchenland, jenseits der Vorstellungskraft.

Weisheit findet man also nicht in dem Raum, in dem man sich befindet und wo man aus dem zerrt, was man denn weiß. Denn der eigene Blickwinkel ergibt sich stets aus einem Teller, der sich wiederum ergibt aus den vorhandenen Ressourcen, die sich in jedem Menschen subjektiv und individuell darstellen.

Es kann also immer nur um den Blick, über den Tellerrand hinaus gehen, bei seiner persönlichen Suche nach Weisheit.

Man beschäftigt sich also ganz explizit mit Dingen, die einem von vornherein unbekannt sind und auf die man auch nicht bereits die Antwort kennt. Das ist das Vorgehen dabei. These trifft auf These und es bildet sich eine Art von Chaos, um den eigenen Teller herum.

Und dieses Chaos verbindet sich durch pure Logik. Vll. mag man es so verstehen, bei einem Puzzle-Teil hat man noch überhaupt keine Ahnung, wie das Bild denn aussehen könnte. Hat man mehrere Puzzle-Teile, ergibt sich vll. schon einmal eine Ecke, die darauf schlussfolgern lässt, in welche Richtung denn das gesamte Bild gehen könnte.

Doch um mit Puzzle-Stücken arbeiten zu können, braucht man die einzige und wahre Erkenntnis, die es überhaupt gibt. Und die wäre:

Mein Teller ist stets so groß, wie groß ich ihn betrachte!

Er ist dehnbar, mehr als dehnbar! Er kann immer größer und größer werden.

Auch ist Weisheit ein Bewusstseinszustand, was bedeutet, Verständnis und verstehen kommen von innen heraus. Man mag sich vielleicht den Einfluss glorreicher Lehrer unterziehen, um für sich selbst Vorlagen zu bilden und zu bekommen. Doch übernommene Wahrheiten von Lehrern bilden kein eigenes Wachstum.

Denn Wachstum ist zu sehen wie ein Haus. Und dieses braucht erst einmal eines und das ist ein strapazierfähiges Fundament! Bedeutet, ununterbrochene Erdung ist mehr als wichtig auf dem Weg in neue Gefilde, neue Blickwinkel. Erdung wirkt dabei wie ein Anker. Hat man diese Erdung nicht, ist man losgelöst und schwebt und schwebt immer weiter. Bis in die Weiten des Weltalls. Und all die Weisheit, die man auf diesen Wegen erfahren mag, lässt sich niemals und zum Wohle aller einsetzen. Eine Weisheit für die Katz!

Doch die Bereitschaft, über den Teller hinaus zu gehen, sind die Attribute von mutigen Abenteurern, die selbst festgelegte Wissenschaften als das Ego Einzelner entlarven.

Seit mutig, denn dieses Leben ist voll von diesen Geheimnissen und Abenteuern!

Bewusstsein

Vielfach in aller Munde und oftmals auch herablassend geäußert...

... gegenüber all den ganzen "Unbewussten" auf dieser Welt!

Erstes Missverständnis:

Ich bin sicherlich in keinerlei Hinsicht "bewusst", indem ich irgendetwas nachplappere, was evtl. "bewusst" sein sein sollte. Und das kann dir der geilste Guru der Welt erzählt haben, wenn du selbst etwas nicht verstanden hast und dich auf die Weisheit eines Dritten verlässt, kannst du nicht von einem Bewusstsein sprechen!!!

Wenn es nach mir geht, dann kannst du dir so manche erleuchtete Phrase sonst wohin stecken, ich kann da in keinster Weise drauf reagieren und schon gar nicht zum Positiven.

Also...

... was ist Bewusstsein überhaupt?

Zuerst einmal, Bewusstsein wird keinem Menschen im Hauruck implantiert, sondern es entsteht! Es entsteht durch Differenzierungen und für diese braucht es Erfahrungen, Erlebnisse, Dinge wo sich konträre Pole bilden.

Und es entsteht über komplexes Denken und dafür muss man zuerst einmal bereit sein, sein bisheriges Ideal von Wahrheit in Frage zu stellen. Bewusstsein bildet sich dort, wo man etwas noch nicht weiß, wo man die abstrakten Puzzleteile, abseits der möglichen Wahrnehmung, zumindest als Möglichkeit erachtet.

Intelligenz z.B. ist lediglich eine Konsequenz, nicht der Ursprung!

Unser Leben ist ein Konstrukt, wo letztendlich ein Rädchen ins andere greift. Die Frage ist nur, nehme ich das wahr und verstehe ich es??? So einfach ist es im Grunde!

Verstehst du ein Schach-Spiel, verstehst du vll. auch sehr schnell das Leben.

Im spirituellen Bereich geht es oft um Schicksal, Vorherbestimmung etc. . Ja, ist schon so, doch sind es auch nicht mehr als Vorlagen. Lernen darf der Mensch immer noch selbst und darum geht es auch.

Bewusstsein ist die Annahme von diesem Moment, der jetzt schon wieder vergangen ist. In dieser Sekunde!!! Um diesen Moment geht es hier!

Hast du gar nicht gemerkt, oder?

Dieser wichtige Moment war gerade? Vor fünf Sekunden?

Einmal nicht reagiert oder nicht wahrgenommen und schon dreht sich das Universum wieder anders. Klar hast du schon davon gehört, wie sehr ein Mensch der Meister seiner Umgebung ist und wie sehr er seinen Werdegang durch sein Denken, sein Fühlen und sein Handeln beeinflusst...

Aber hat man es denn auch so verstanden?

Ein bewusster Mensch ist immer weniger abhängig von dualen Ereignissen, denn er stellt zuerst einmal seine eigene Wahrnehmung immer und permanent in Frage. Und er weiß, sie kann gar nicht wahr sein, so deutlich er sie auch sieht!

Und was er noch tut, er berücksichtigt jegliche Möglichkeiten der Wahrnehmung bei anderen Menschen.

Ja, so hört der Mensch auf zu werten! Und dies ist ebenso ein innerer Prozess! Ein Prozess über viele Jahre!

Was nehme ich jetzt gerade persönlich wahr, das ist die Frage. Und ist es auch das, was ich wohl morgen oder nächstes Jahr wahrnehmen werde?

Werde ich nicht! Und das ist eine Erkenntnis!

Das Leben dreht sich und aus jeder Drehung bildet sich etwas, eine Information, ein Puzzleteil, was man für später wahrgenommen zur Seite legt.

Was also hältst du heute für Bewusstsein?

Dinge, die augenscheinlich so sein könnten, die du aber letztendlich nicht genau weißt? Dinge, die du von deinem Mentor, Vorbild etc. gehört hast und du diesen als weiser als dich selbst erachtest?

Das Wort "Bewusstsein" ist Schrott! Nicht wirklich wichtig.

Denn bist du ein bewusster Mensch, wird es dir total egal sein, ob dich ein anderer Mensch als bewussten Menschen betitelt. Du bist so neutral und beobachtest die Welt. Ja, du bist ein Beobachter, nicht mehr und nicht weniger!

Es ist also nicht die Frage, ob du an die Energien von sonst was glaubst oder sie meinst anzuwenden, die Frage ist, ob du selbst sie auch verstanden hast!!!

Und auch wenn nicht! Sollst deshalb als Mensch unterhalb von mir angesiedelt sein oder werden? Alles gut! Leb dein Leben, egal wie es kommt, nur nimm es wahr!

Du möchtest Freundschaft?

... hast vielleicht nur wenige Freunde und alle können sich gegenseitig nicht leiden?

Kennst du das?

Ein Mangelproblem, doch nicht nur bei dir, bei den Anderen auch!

Woran liegt das? Man ist doch selbst lieb und nett und auch total bescheiden, man selbst hat es auch vielleicht gar nicht so schwer, Freundschaften zu bilden... man ist immer für die Freunde da und tut und macht, was man kann!

Und doch passiert Folgendes, die eine Freundin/Freund (eher ein Frauenproblem) wettert gegen die Andere? Was sie wieder alles gesagt hätte... das man eh schon ein mulmiges Gefühl mit dieser Person hätte... und überhaupt, Diese und Jene meinen es bestimmt gar nicht gut mir dir?

Du fühlst dich hin-und hergerissen und fragst dich, ob es jetzt nun deine Schuld wäre... hast du etwas falsch gemacht? Du hattest versucht, alle Freundschaften zu pflegen und du warst immer da, wenn es etwas gab!

Und doch... scheint es immer zu wenig zu sein! Und dir selbst geht es immer schlechter?

Hast du schon einmal etwas von sogenannten „Energie-Vampiren" gehört?

Ein „New Age-Schlagwort", es hört sich zwar recht böse an, bringt es aber inhaltlich auf den Punkt.

Warum also dieses Szenario, was soll es Einen denn bringen, das fragt man sich?

Wie oben schon beschrieben, ein absolutes Mangelproblem! Genauso wie Menschen nach der „großen Liebe" lechzen... so lechzen sie genauso nach der „ultimativen Freundschaft". Nie zufrieden mit dem was ist, es muss immer noch immer etwas besser sein.

Und nun?

Jetzt hast du drei Freundschaften, dort Jeder gegen Jeden und Jeder, und wenn du dich distanzieren würdest, wird Dich jeder danach attackieren... Blöde Situation!

Hast du davor Angst?

Freundschaft beinhaltet eine Liebesenergie, im Grunde wie in Partnerschaften... sie verläuft über die gleichen Mechanismen.

Du meintest vielleicht, du bräuchtest Freundschaften, die deine Interessen teilen? Viellicht war dir einfach auch immer nur nach einer Person, wo du dich mal ausquatschen wolltest...

Aber DU, du selbst, bist absolut individuell wunderbar, genauso wie du bist!

Durch dein Sein, ziehst du alles das in dein Leben, was du zu dir gehört. Achte auf deine Gedanken und achte darauf, ob du selbst etwas von anderen möchtest, oder ob du dir denn selbst überhaupt etwas wünscht!

Freundschaft?

In einer Freundschaft darfst du Du sein! Du darfst dich verändern im Laufe des Lebens, du kannst deine Ansichten, Interessen und Ideologien verändern, denn wahre Freundschaft ist eine tiefe Verbundenheit über das Herz.

Du möchtest wahrhaftige Freundschaft?

Lass deine Masken fallen und sei authentisch, so wie du bist! Auch falls du anfangs allein dastehen magst, mit der Zeit, ziehst du du genau die Menschen in dein Leben, die mit deinem authentischen Ich in Resonanz gehen.

Schwarz und weiß

Wenn das menschliche Bewusstsein stagnierend oder gar rückläufig verlaufen soll, ist das Denken in schwarz und weiß ein probates Mittel dazu! Denn ein Lernfaktor, der die Nahrung für unser Bewusstsein bildet, bewegt sich immer zwischen zwei dualen Polen.

Es bildet sich z.B. über eine sogenannte "Meinung", die im Grunde gar keine ist, sondern eher eine unüberprüfte Behauptung. Mit dieser setzt man einen Pol und jeder Pol bildet einen Gegenpol.

Je nach dem, was einem Menschen seit seiner Geburt an Glaubenssätzen eingepflanzt wurde, reagiert der Mensch auf einen Reiz innerhalb seiner Wahrnehmung, ohne im Grunde genau zu wissen, was da gerade mit ihm passiert. Daher reflektieren meist nur wenige Menschen, weil die anderen diese Notwendigkeit überhaupt nicht sehen.

Nehmen wir einmal das Beispiel bei den Ausländern bzw. Flüchtlingen, dieses Thema ist ja nun gerade in aller Munde und man diskutiert fleißig, meist aus zwei Polen heraus. Für die Einen ist nun jeder Muslime ein potentieller Terrorist, für die Anderen ein durch tiefe Menschenrechtsverletzungen geprägtes Opfer, dem man helfen muss.

Es liegt zwar absolut auf der Hand, dass wenn man von Millionen spricht, sicherlich das Eine und auch das Andere vorhanden ist und noch so viel mehr dazwischen, doch der Mensch von heute hat eben seine Schwierigkeiten, Dinge differenziert zu betrachten.

Warum?

Ich gehe einmal zwei Generationen zurück, in die Zeiten von Oma und Opa und von diesen gehe ich ebenfalls noch einmal etwas in die Breite. Es geht lediglich um eine Geschichte bzw. eine Aussage, die über die Generationen weitergetragen wurde. Nur einmal, wie willkürlich das eigene Denken verlaufen kann.

Beispiel I: Der Schwager der Schwester, von Omas bester Freundin, wurde vor 60 Jahren Opfer einer Tätlichkeit durch einen Ausländer. Alle waren empört und voller Wut damals. Papa war zwar damals noch ganz klein, hat aber eine bestimmte Botschaft wahrgenommen. Nur eine kleine, die in seinem Unterbewusstsein so vor sich hin schlummerte. Ohne großartig darüber nachzudenken, war Papa innerhalb seines Lebens einfach etwas zurückhaltend und auch mit etwas Angst behaftet, wenn es um Ausländer ging. Und diese Botschaft gab er dann an seine Kinder weiter. Ebenfalls unbewusst. Denn Eltern können immer nur das weitergeben, nach bestem Wissen und Gewissen, was in ihnen ist. So ist das Kind bereits ebenfalls nicht unvoreingenommen, denn es hat eine Information in sich. Und kommt es dann zu einem Vorfall, einer Schlagzeile aus Fernsehen oder Zeitung, entwickelt sich ein Reiz, der diese Information aus dem Unterbewusstsein nach oben holt.

Beispiel II: Dieses Mal war der Schwager der Schwester, von Omas bester Freundin im Urlaub, lernte dort Ausländer kennen, die so überragend nett und freundlich waren, dass sich ebenfalls eine Geschichte bildete. Alle waren emotional liebevoll berührt und man schwärmte von den Ausländern. Und Papa nahm nun diese Botschaft wahr und speicherte sie in seinem Unterbewusstsein, trug sie weiter usw. usw. ...

Natürlich wäre es jetzt nicht nötig gewesen, Generationen zurück zu gehen, ein Mensch kann auch von jetzt auf gleich eine Wahrnehmung bilden. Der Eine hatte positive Erfahrungen, der Andere negative und daraus entwickelt sich der "Ist-Zustand" eines Reizes. Auf Grund einer Emotion, wie eben Schmerz oder Freude.
Das nennt man dann, ein Mensch ist "geprägt" von etwas.

Doch gehen wir von den Ausländern wieder weg,

denn es geht nicht um sie, sondern um ein schwarzweißes Denken! Denkt einmal an eine Frau, die von einem Mann geschlagen und betrogen wurde. Wie viele davon verfolgen nun die nicht seltene Behauptung "Alle Männer sind Schweine!" oder sind zumindest gegenüber des männlichen Geschlechts ängstlich und vorsichtig?

Es ist genau das Selbe!!!

Innerhalb von Polen bewegen sich Populisten, nicht jedoch der reflektierte und bewusste Mensch!

Doch zur Steigerung des eigenen Bewusstseins bedarf es zwei Pole. Es sind z.B. zwei unterschiedliche "worst-case Szenarien" und diese darf man gegeneinander halten, reflektieren und differenzieren. So entsteht Reibung und aus der Reibung lernt der Mensch. Innerhalb eines Pols stagniert der Mensch, denn es fehlt an Reibung! Das Denken selbst erscheint als etwas so einfaches, doch nur ein kleiner Prozentsatz der Weltbevölkerung hat sich bisher mit seinem eigenem Denken kritisch auseinander gesetzt und dort sehe ich das Problem auf dieser Welt. Durch breit implantierte Reflexionen würde sich radikales Gedankengut, egal von welcher Seite, in Luft auflösen. Eine Sache von reflektierter und bewusster Bildung!

Wobei Deutschland bereits als ein modernes und

gebildetes Land gilt. Doch diese Art von Bildung haben wir hier nicht und allein deshalb brauchen wir uns ganz bestimmt nicht darüber beschweren, wenn es diese in anderen Ländern auch nicht gibt! Ich muss nicht wissen, wann Napoleon seine Kriege geführt hat, das nützt mir fürs Leben gar nichts! Wenn ich diese Information brauche oder sie mich interessiert, kann ich in eine Bibliothek gehen.

Doch wenn es funktioniert, dass man es hier in diesem Land verklickern kann, dass es wichtig für das Leben wäre zu wissen, wann Napoleon Kriege geführt hat, dann könnte ich ebenfalls, auch hier in Deutschland den gleichen Menschen verkaufen, dass sie Ungläubige oder Ausländer oder was ich nicht alles bekämpfen müssen und sie dann nach einem Märtyrertod entweder Jungfrauen bekommen oder in Walhalla mit Odin Met saufen dürfen. Wenn der Mensch dämlich bleibt oder sogar dämlich bleiben möchte, darf er sich immer zuerst an die eigene Nase fassen und nach Außen getriebene populistische Parolen ganz gleich welcher Art, durch dämliche Menschen vorangetrieben, gleichen in ihrer Sinnhaftigkeit höchstens einem Stück Toilettenpapier. Und zwar einem dreckigen!
Nichts richtig, nichts falsch?

Nicht jeder Mensch kommt mit den Grundlagen der Philosophie zurecht...

... braucht klare Regeln und Aussagen.

Die Relativität einer Gegebenheit in ihrem Ursprung einfach einmal so stehen zu lassen...

... erfordert eine gewisse Form der sogenannten "Inneren Mitte".

Nach der ein Mensch allerdings auch unbewusst permanent strebt!

Auch Du!

Das Leben gestaltet Szenarien, die ein Mensch aus seinem momentanen Bewusstsein oftmals nicht versteht. Das kann innerhalb der Familie sein, in Beziehungen, in Schicksalsschlägen etc. .

Und der Mensch versucht ganz automatisch zu lernen, um sein Wachstum zu fördern.

Doch niemals können wir uns von der Vergangenheit lösen, wenn wir wachsen wollen.

Im Laufe der Zeit meint man oftmals, vieles gelernt und verstanden zu haben und zog permanent seine Konsequenzen daraus.

Man nabelte sich von der Familie ab, weil sie einem nicht mehr gut tat. Man beendete Beziehungen, beendete Freundschaften und kündigte den Job. Auf dem Weg in eine bessere und glücklichere Zukunft. Doch die Vergangenheit holt einen immer und immer wieder ein...

Denn eine neue und gefühlt bessere Wahrheit, bleibt letztendlich eine relative Wahrheit.

Und man geht den Weg zurück, zur Familie, zu Freunden, zu Beziehungen...

... und alle sind noch so, wie sie waren!

Heute tun sie einem gut!

Was sich verändert hat bist Du und deine Perspektive!

Ohne grundsätzliche Spiritualität geht es nicht...

... man dreht sich im Kreis. Man sucht und sucht und findet das Ende nicht.

Wie eine Suppe, in der ein Gewürz fehlt. So minimal, klein und offensichtlich unbedeutend, aber dennoch das Zünglein an der Waage, ob die Suppe schmeckt oder nicht.

So viele Probleme und Sorgen in dieser Welt...

... selbst Politiker sind ratlos und intellektuelle Gremien suchen verzweifelt nach Antworten.

Und finden diese nicht!

So viel geballte Intelligenz, man diskutiert warum Menschen sind, wie sie sind und warum sie etwas tun... Sind es Ängste? Ist es zu schlechte Bildung? etc. etc.

Doch den Faktor "Spiritualität", berücksichtigt man dabei nicht.

Spiritualität ist kein New-Age-Religionsersatz, Spiritualität ist auch keine Esoterik, Spiritualität ist allein der Blick nach Innen. Und wenn du das Außen verstehen willst, musst du das Innen verstehen. Schau ich nur auf das Außen, werde ich die Lösung nicht finden.

Das ist bei jedem einzelnem Menschen so und in der Masse logischerweise auch.

Etwas zu ignorieren, was offensichtlich ist bedeutet, dass einem das eigene fest gebrannte Weltbild wichtiger ist, als die Lösung selbst. Und wenn das bei den angeblich klügsten Menschen des Landes schon so ist, dann ist das ebenfalls bei jedem Einzelnen ein großer Schritt.

Hat man denn gar nicht aufgepasst seit 2012?

Was passiert hier, wie durch ein Naturphänomen?

Das Innere eines Jeden kehrt sich nach Außen. Bei dem Einen schneller, beim Anderen langsamer. Aber es tritt nach Außen und es war seit Jahren klar, was das alles bedeutet.

Das z.B. Depressionen wie nie in die Höhe schießen werden, das ist seit Jahren klar. Und es passiert! Kliniken quillen über! Man agierte vorher gegen sich selbst und kämpft nun jeden Tag mit sich selbst. Und das ergibt ein Schlachtfeld, ein Trümmerfeld im Inneren.

Politisch, ob nun Trump oder AfD etc. etc. ... es ist scheißegal, ob und wie clever dort eine Propaganda ist, sie trifft den Punkt. Und warum? Weil es diesen Punkt gibt und er schon viel zu lange im Inneren schlummerte und ignoriert wurde. Dieser Punkt wurde immer nur runter geschluckt und jetzt gibt es dafür die Quittung.

Manchmal sind es Ängste, Süchte, Sehnsüchte... mal ist es Wut, Hass und Traurigkeit. Mal sind es Wünsche. Alles verborgen. In diesen Zeiten braucht man nur Ventile anbieten und es platzt raus.

Und es wird auch die nächsten Jahre nicht besser werden, wenn man weiterhin auch nur im Ansatz meint, das was vorher war, behalten zu können. Denn dann befindet sich der Hamster im Rad und er läuft und läuft und läuft und bewegt sich dadurch keinen Zentimeter nach vorn.

Werte...

... tja, sind denn sogenannte "Werte" nun etwas Gutes oder etwas Schlechtes? Sofern man diese Frage innerhalb einer subjektiven Bewertung bewerten mag...

Gibt ja viele unterschiedlichen Werte, z.B. kulturelle oder religiöse. In jedem Fall heißt es ja stets:

Steh zu DEINEN Werten! Setze Grenzen! usw. ...

Aber gibt es auf dieser Welt Werte, bei denen man sagen kann, es wären die eigenen?

Einfach mal in den Raum hinein gefragt.

Der Mensch möchte innerhalb eigener Authentizität leben und sich nicht verbiegen lassen usw. ... er möchte zu sich und seinen Werten stehen. Er möchte sie auch verteidigen, Grenzen setzen!

Aber wo kommen sie her, die Werte?

In der Regel werden sie ja traditionell weitergegeben, von Generation zu Generation. Doch kann man dann von EIGENEN Werten sprechen?

Möglicherweise ist ein Mensch auch bewusst und reflektiert, hat subjektiv für sich selbst Werte deklariert und lebt sie. Er lebt gewisse Tugenden, die mit einem Rechtssystem synchron laufen und erweitert sie individuell nach seinen Vorstellungen.

Doch global betrachtet, ist ein Wert nichts anderes als eine Spaltung und wenn man sich einmal mit der gesamten Menschheit beschäftigt bzw. mit der Welt an sich, kommt man genau zu diesem Punkt!

Das versteht man erst einmal gar nicht!

Herzlichkeit, Höflichkeit, Pünktlichkeit, Sauberkeit usw. , mögen alles tolle Tugenden sein, doch werden sie zu einem Wert, geht eine Bewertung über gut und schlecht voraus. Und DAS erzeugt Spaltung!

Jeder Konflikt, jeder Krieg hier auf dieser Welt, hat seinen Ursprung in einem Wert!

Aus dem Blickwinkel innerhalb des "Tellerrandes" mag man z.B. ein Land sehen, wo vielleicht Frauenrechte nicht eingehalten werden oder Minderheiten verfolgt werden. Es kommt zum Krieg, weil die eigenen Werte besagen, dass es so nicht sein darf.

Doch so wenig wie Unrecht sich mit Unrecht bekämpfen lässt im Sinne des Friedens, funktioniert das mit einer Gegenbewertung eines Wertes.

Es ist ein globaler Kreislauf, den man nur außerhalb des "Tellerrandes" befähigt ist zu begreifen.

Neutralität - Die Balance zwischen Emotionen und Gedanken

Der Weg in die Liebe

Sei anders, sei ein Licht!

Du kannst heute in die Welt hinaus schauen, 3 Milliarden Menschen leben in Armut, es gibt Kriege, Hass und Gewalt, so viel Leid und ich frage mich jeden Tag aufs Neue, wie man es nur schafft, wegzuschauen und die Sonnenseite des Lebens zu genießen!

Und ja, sowohl du als auch ich, wir leben auf der Sonnenseite!

Wie vereinbart man es mit seinem Gewissen, sein Glück ohne jegliche Demut auszuleben? Ja, viele Menschen schauen erst gar nicht mehr über den Tellerrand, erschaffen sich ihre eigene Blase, in der sie Glück und Frieden leben wollen!

Doch kann man das denn, aus dem Herzen heraus?

Dieser Planet hat genug Ressourcen für alle, mehr als genug! Wie kann man so noch an die Menschheit und an das System glauben?

Kann man nicht!

Was kannst du tun? Du kannst dich umbringen, weil du mit dieser Art von Welt nicht zu tun haben willst. Du kannst auch in einer einsamen Berghütte oder im

Kloster leben, um dein Leben so friedlich wie möglich runter zu leben.

Du kannst aber auch ganz einfach anders sein!

Wenn du allein die Welt auch nicht ändern kannst, kannst du doch jeden Tag aufs Neue morgens aufstehen und versuchen das Richtige zu tun! Jeden Tag!

Du magst gesellschaftlich als Freak gelten, als verstrahlter Esoteriker, nur weil du dir erlaubst, Begrifflichkeiten wie Liebe und Frieden in den Vordergrund zu stellen!

Mach dir nichts draus! Ob es nun ein Tierschützer ist, oder ein Öko-Aktivist etc. ist. Sie alle werden gesellschaftlich belächelt und abgestempelt! Klar gibt es auch mal Lob, doch näher etwas mit ihnen zu tun haben, wollen die Wenigsten. Weil sie anders sind!

Doch sie sind auch ein Licht! Ein kleiner Hoffnungsschimmer am Horizont!

Den Lästereien, dem Spott und sogar den Anfeindungen deines Umfeldes trotzen

So viele Dinge auf und in dieser Welt, wo man auch hinschaut Grausamkeiten und man fragt sich wie kann das nur alles im Jahr 2018 so sein?

Versteh ich, dass ihr euch das fragt und ich frage mich das auch!

Nur habe ich mich auch gefragt, wie ich mit all dieser Dunkelheit weltweit umgehen kann? Denn eines ist klar, ich würde lieber sterben, als mich dieser Schablone hinzugeben!

Ich könnte auswandern, in eine einsame Hütte auf einem ganz hohen Berg und der Menschheit einfach Ade sagen

Hat die Menschheit denn überhaupt nicht dazu gelernt?

Wie kann es nur möglich sein, das Millionen jedes Jahr an Hunger und Durst sterben, wo doch dieser Planet Ressourcen im Überfluss hat?

Wie kann es sein, das Kriege im Sinne von Frieden geführt werden? Niemals hat ein Krieg zu Frieden geführt, heute nicht und in der Historie auch nicht!

Wenn du glaubst, dass Geld das Synonym für Fülle wäre...

... dann hast du dieses Prinzip noch nicht verstanden.

So viele Seminare, so viele Bücher über "Wie komme ich zu Geld?" und diese ergeben einen Bestseller nach dem anderem, weil der Mangel bereits präsent ist und dementsprechend sich das Geld im Fokus der eigenen Wahrnehmung befindet.

Dennoch ist der Ansatz schlicht und ergreifend falsch!

Geld selbst, in der heutigen Form, gibt es gerade einmal 200 Jahre, es ist ein Zahlungsmittel der Neuzeit, nicht mehr. Wer mit Geld Glück, Wohlbefinden, Macht etc. etc. gleichsetzt, der denkt das Geld nicht zu Ende, denn es ist nicht das Geld selbst, es ist eine Konsequenz aus dem Handeln.

Es heißt, aus der Fülle heraus, zieht man automatisch das Geld an....

... und ja, es kommt auch oft zu dieser Konsequenz, aber nicht prinzipiell, weil Geld selbst nichts mit Fülle zu tun!

Und man zieht auch nichts ins Leben, indem man auf dem "Sofa" verharrt und wartet. Sehr viele Seminare richten sich darauf aus, ein besseres Gefühl zu Geld zu bekommen, es positiv für sich zu "erlauben" usw..

Zuerst einmal fällt Geld nicht "vom Himmel", sofern man nichts dafür erbringt. Sicherlich ein ganz altes Sprichwort, doch letztendlich ist es ja so.

Natürlich kann ein Mensch zu Geld kommen, weil er in der Lotterie gewinnt, weil Angehörige etwas vererben oder schon vorher finanziell betucht waren. Oder auch ein Amt oder ein Ex eine Leistung erbringt...

... aber das alles hat doch nichts mit Fülle im Leben zu tun!

Die Frage wäre zuerst einmal, was du persönlich alles mit Geld verbindest.

Was ist denn, was du wirklich willst?

Was ist es, nach was du dich sehnst?

Weil die Gesellschaft sehr Geld orientiert agiert und du es auch für dich als Synonym für Glück festmachst, wurde deine Wahrnehmung für das Eigentliche verschleiert und du stellst dir dadurch schlicht die falschen Fragen.

Was möchtest du mit Geld erzeugen? Besitz und materielle Güter? Mag sein, doch was genau möchtest du dahinter für dich?

Durch Güter möchtest du dir selbst Freuden bescheren, aber warum?

Weil du mindestens "unsicher" darüber bist, was das Leben und was der Tod bedeutet! Du hast es noch nicht mit dir geklärt und dein Ego möchte einen möglichst qualitativ hohen Inhalt innerhalb deiner Lebensspanne. Du möchtest ALLES, absolut ALLES, wenn es nach deinem Ego geht! Du möchtest Liebe erfahren und bekommen, du möchtest hochwertig wahrgenommen und du glaubst, das alles könntest du über eine gewisse Außendarstellung erzeugen.

Wenn du aber deine Bedürfnisse hinunter brichst, wenn du dir selbst die richtigen Fragen stellst, wirst du merken, dass die Bedürfnisse selbst eher nichts mit Geld zu tun haben.

Viel eher ist es so, sofern du das Leben und auch den Tod in dir angenommen hast, dass du wirken und agieren möchtest. Du verspürst den Drang, etwas aus dir heraus zu tun, was du aus vollem Glück heraus verfolgst.

Du würdest am liebsten so vieles tun, aber du hast eine Familie, Kinder zu ernähren? Kannst nicht einfach so deine Arbeit aufgeben, allein schon wegen der Rente später usw. ? Es gibt viele Gründe, warum du etwas nicht tust, aber vielleicht ist auch ein "entweder oder" nicht immer die richtige Richtung.

Du brauchst in der Regel etwas Geld innerhalb dieser Gesellschaft, in die du hinein geboren wurdest und die innerhalb ihrer Zeitqualität nun einmal zur Zeit so ist, wie sie ist. Daher ist auch nicht jeder Herzenswunsch als neues Business zu empfehlen.

Du baust die geilsten Papierflieger auf der ganzen Welt, innerhalb von Gleichgesinnten kennt man dich, denn du bist der Beste, deine Papierflieger fliegen am weitesten.

DAS ist DEIN Talent! Diese Papierflieger baust nur DU!

Google ist voll dir, Wikipedia kennt dich und noch in 500 Jahren wird man von dir und deinen Papierfliegern sprechen. Du hast diese Welt mit deinem authentischem und außergewöhnlichen Talent bereichert!

Doch daran verdient hast du nicht einen Cent, weil dein Hobby und Talent in der Breite der Gesellschaft nicht relevant ist. Doch wäre es falsch, es dennoch zu tun?

Deshalb bedeutet Fülle nicht unbedingt Geld. Meistens bedeutet es das, weil man in dieser Welt für so ziemlich alles einen Gegenwert an Geld darstellt. Doch ein "muss" liegt nicht dahinter, da es mit Fülle selbst nichts zu tun hat.

Authentisch zu wirken hat in der Regel nie etwas mit einer finanziellen Motivation zu tun!

Unsere Welt ist chaotisch und aus dem Mangel heraus ergibt sich das "Strohhalm-Prinzip", was so viel bedeutet wie "besser den Spatz in der Hand, als die Taube auf dem Dach". Deshalb hatte ein talentierter Biologe irgendwann BWL studiert, deshalb arbeitet der talentierte Tischler heute als Maurer, weil da gerade eine Stelle frei war.

Der Mensch ist also im seltensten Fall dort, wo er sein sollte!

Und die Frage ist, gehörst du auch dazu bzw. möchtest du dort bleiben?

Wenn du mich nicht verstehst, dann denke doch einmal an mich. An mich als Autor, durchaus bewusst und intelligent und frage dich einmal, ob ich nicht im

Stande wäre, einer 80jährigen Oma eine Lebensversicherung oder einen Aktienfond zu verkaufen? Natürlich wäre ich das! Und wäre Geld meine "Religion", würde ich es wohl tun...

Verstehst du jetzt? Bemesse dein Leben niemals am Geld!

Aber wenn du authentisch etwas besonders gut kannst, dann solltest du es auch tun. Unabhängig von Geld, doch das Meiste hat nun einmal auch einen Geldwert. Daher werden in der Regel in Fülle lebende Menschen im seltensten Fall auch arm sein.

Jetzt mal ehrlich...

... was ihr immer alle habt mit diesen "Fehlern", die man nicht verzeihen könnte.

Zum Beispiel die oberste Beziehungsprämisse "Treue". Ein sehr gutes Beispiel, wie ich finde, denn bei so Vielen ist Untreue ein Punkt, der sich nicht mehr verzeihen ließe. Mir ist bisher kaum ein Glaubenssatz begegnet, der so tief verwurzelt ist, wie dieser.

Zwei Menschen kommen zusammen und sind ein Paar. Der Mann z.B. grübelt und grübelt, ob sie denn nun tatsächlich die Frau für ihn wäre, ob er sie denn nun so sehr lieben würde, dass sie vll. sogar die Frau fürs Leben wäre und man sie vll. auch heiraten möchte. Geschlechter natürlich beliebig austauschbar! Er weiß es nicht, der Mann! Aus tiefstem Herz weiß er es nicht!

Und sie? Sie spürt das! Sie ist mit ganzem Herzen dabei und sie spürt die Zerrissenheit in ihm, auch wenn er darüber nicht spricht. Sie ist eifersüchtig auf alles und jeden und ihre Verlustangst, frisst sie von Tag zu Tag mehr auf. "Hoffentlich bleibt er bei mir." Und noch einen Schritt weiter "Hoffentlich bleibt er treu.", denn dann, das weiß sie ganz genau, wäre alles aus für immer. Denn Treue ist ihr oberstes Prinzip und nichts ist ihr wichtiger in einer Beziehung.

Doch, jetzt frag ich euch mal, meine lieben Leser...

Wie soll der Mann jemals herausfinden, ob er die Frau an seiner Seite wirklich liebt? Wie kann die Frau jemals für sich herausfinden, das Liebe viel viel höher anzusiedeln ist, als ein Glaubenssatz, auch wenn er noch so moralisch ist?

Es wäre eine Trennung nötig!

Worauf ich in diesem wunderbaren Beispiel in Liebe und Beziehung hinaus möchte ist, ohne einen sogenannten "Fehler", fehlt die Möglichkeit zur Differenzierung.

Dieser sogenannte "Fehler" ist ja immer erst dann einer, wenn man selbst oder auch ein Anderer eine Analyse zu einer Tat anstellt. Und dann zu dem Ergebnis gelangt "Scheiße". Weil man nun zwei Bereiche gegeneinander stellen kann und sie so überhaupt erst richtig sichtbar werden.

Wer fährt sein Auto schon absichtlich in einen Graben? Aber die frage, wie gut man auch freihändig Auto fahren kann, wurde bis dato nie beantwortet, deshalb hat man es getan.
Und wenn nie etwas beantwortet wird, der lernt der Mensch auch nichts!

Zum lernen braucht man die Möglichkeit einer Differenzierung. Und die auch nicht immer nur theoretisch, sondern auch mal praktisch!

Ok, man mag das Gefühl eines "Fehlers" weder bei sich selbst, noch bei anderen. Was hat Papa früher nicht immer geschimpft, wenn man etwas falsch, oder etwas kaputt gemacht hat. Ja, er wollte durch diese gezeigte Strenge die Wiederholung des Fehlers verhindern. Und manchmal hatte er es ja auch geschafft, man macht es einfach nie wieder. Doch meist aus der Angst vor Konsequenzen, nicht weil die Angelegenheit verstanden wurde. Und das ist sowohl der Unterschied, als auch der Punkt!

Welchen Sinn hat dein Leben?

… hast du dich das schon einmal gefragt?

Gibt es diesen Sinn denn?

Nun, laut Charles Darwin sind Menschen stinknormale Lebewesen, die sich spezifisch evolutionär entwickelt haben und klar, wenn man das so meint, dann geht es in diesem Leben ums nackte Überleben. Man versucht zwischen Geburt und Tod das Beste für sich herauszuholen.

Ok, das wäre jetzt sehr simpel!

Essen, Trinken, Schlafen und die Toilette! Die Frage ist nur, auf welchem Niveau!!!

Das große Problem unserer Gesellschaft!

Du kannst heute in die Welt hinaus schauen, 3 Milliarden Menschen leben in Armut, es gibt Kriege, Hass und Gewalt, so viel Leid und ich frage mich jeden Tag aufs Neue, wie man es nur schafft, wegzuschauen und die Sonnenseite des Lebens zu genießen!

Und ja, sowohl du als auch ich, wir leben auf der Sonnenseite!

Wie vereinbart man es mit seinem Gewissen, sein Glück ohne jegliche Demut auszuleben? Ja, viele Menschen schauen erst gar nicht mehr über den Tellerrand, erschaffen sich ihre eigene Blase, in der sie Glück und Frieden leben wollen!

Doch kann man das denn, aus dem Herzen heraus?

Dieser Planet hat genug Ressourcen für alle, mehr als genug! Wie kann man so noch an die Menschheit und an das System glauben?

Kann man nicht!

Was dein Sinn des Lebens ist? Das du deine Potentiale und Attribute ausschöpft!

Verstehst du das? Verstehst du, dass du ein Lebewesen bist, was sogar sehr viele Potentiale hat! Du kannst denken und du kannst vor allem fühlen! Reicht dir wirklich die goldene Toilette? Ist das wirklich alles, was in dir steckt?

Flucht ist NICHT die Antwort...

... wenn du Angst vor Courage hast!

Wenn du also als Frau von einem Mann brutal vergewaltigt wurdest, ein schlimmstes Trauma erlitten hast, dann fahre ins Gefängnis und setze dich mit diesem Menschen auseinander!

Warum?

Weil du seitdem mit diesem Menschen verstrickt bist, durch Abstinenz und Flucht wirst du diese Verstrickung nicht auflösen!

Natürlich war es jetzt einmal ein krasses Beispiel zuerst, um zu verdeutlichen, dass es nicht um den Grad einer Verstrickung geht.

Du möchtest dich vielleicht von deinem Freund oder deiner Freundin trennen, weil du gar nicht mehr verliebt bist, weil du einfach nicht mehr magst, oder weil etwas getan wurde, was dich verletzt hat. Was machst du?

Du könntest dich vielleicht einfach nicht mehr melden, Anrufe ignorieren und auf Facebook oder Whattsapp blockieren... damit es irgendwann ausläuft. So zumindest der Plan. Eigentlich ein sehr eleganter Plan. Aber, hat er denn schon einmal jemals funktioniert?

Ja? Hat funktioniert?

Gehst du heute dort hin, wo dieser Mensch sein könnte? Tust du nicht! Du vermeidest es!

Es sind nämlich offene Fragen entstanden, die zu Verstrickungen führen!

Und DU bist es, der die Probleme damit hat. Denn der Andere muss ja nicht laufen.

So oft hast du es gehört, dass du "Grenzen setzen" sollst, "Distanz" aufbauen sollst. Aber alles was aus deinem tiefsten Inneren dein Wunsch ist, kannst du auch begründen! Also artikuliere dich, damit keine Verstrickung entsteht!

Eine Verstrickung bedeutet, dass dir permanent Energie entzogen wird. Euch Beiden wird sie entzogen!

Frag dich doch mal, wenn du solch eine Begebenheit in den letzten Jahren hattest... wie geht es dir heute damit? Ging es rauf, oder ging es runter?

Du kannst es auf alles hinunter brechen!

Du kannst wegen einem Kollegen der dich mobbt, nicht mehr zur Arbeit gehen. Du kannst still und heimlich kündigen...

... es wird dich bei jeder neuen Arbeit verfolgen! Es lässt dich nicht in Ruhe!

KLÄRE DEINE DINGE! VOLL UND GANZ!

Nur das macht dich frei!

Eigenverantwortung

Ein Attribut, dass der Mensch mehr und mehr verlernt!

Ob man es nun glauben mag oder nicht, der Mensch findet sich beinahe täglich in kognitiven Dissonanzen wieder, ohne dass es ihm in der Regel bewusst ist.

Bedeutet, es entstehen Ereignisse und Situationen, die einen als "unangenehm" eingestuften Gefühlszustand hervorrufen und unsere Psyche geht dabei schon unbewusst sofort in eine Gegenbewegung um einen konsistenten Zustand wieder herzustellen.

Indem ein eigenes Handeln abgeschwächt wird, weil z.B. "Der" oder "Der" dies auch schon einmal getan hat. Und "Der" war ja auch noch viel schlimmer als man selbst...

So begründet man sein Tun und stuft es als "in Ordnung" oder als "nicht so schlimm" ein.

Und so stellt sich natürlich die Frage, ob sich eine Eigenverantwortung überhaupt einstellen kann, sofern man nicht bewusster Herr über seine unbewussten Zustände geworden ist.

Ja, es ist durchaus eine gehobene Konsequenz, auf seine vielen kleinen "faulen Kompromisse" zu achten. Gerade zu stehen und die Verantwortung für sein Tun zu übernehmen.

Das nennt man Authentizität, auch eventuelles Fehlverhalten, wovor Niemand gefeit ist, in sich selbst zu integrieren.

Würde es keine "Fehler" geben, könnte der Mensch nicht wachsen, weil ihm ansonsten jegliche Differenzierung fehlen würde. Doch dazu muss es bewusst sein, was man überhaupt getan hat.

Fülle und Mangel

Warum wird das immer nur am Geld gemessen?

Liebe Leute, es liegt doch absolut auf der Hand, dass das überhaupt keinen Sinn ergibt. Es geht dabei um ein Prinzip des Lebens, das natürlich nicht abhängig von einem gut oder schlecht situierten Standort ist.

Wer dabei an Geld denkt, spiegelt sich höchstens seine höchst konditionierte Denke selbst.

Unter dem Einfluss der Prinzipien des Lebens, steht jeder Mensch, ob nun Europäer, Amerikaner oder Afrikaner. Wie verklärt müssen Menschen sein, ihre höchst spirituellen und bewussten Lehren z.B. einem deutschem Standard anzupassen?

Fülle scheint nicht verstanden zu werden, weil wohl der Mensch zu sehr materialistisch denkt.

Prinzipien des Lebens betreffen einen Menschen immer genau dort, wo absolut alle Menschen gleich sind. Versteht ihr, dass das niemals im Außen sein kann?

Schaut euch einmal den Nick Vujic an, er hat keine Arme, er hat keine Beine und doch strahlt er ein Glück aus, was unglaublich ist. Er hat eine wunderschöne Frau, nach der sich wirklich jeder Mann umdrehen würde und mit ihr wundervolle Kinder. Ein glücklicher Mensch!

Warum? Weil sich bei ihm nie die Frage stellte, seine Fülle im Außen zu suchen, denn es war einfach viel zu offensichtlich, dass er sie dort niemals finden würde. Er entwickelte als die Fülle in sich selbst UND ERST DADURCH zogen dann Dinge im Außen nach.

Soll er "Igitt" schreien, wenn das eine zum anderen kommt und dadurch auch Geld zu ihm fließt? Geld, wovon er seiner Frau oder seinen Kindern eine Freude machen kann? Warum sollte er? Doch wenn man ihn fragen würde, wie wichtig Geld selbst ist, würde er es als unwichtig deklarieren.

Wie entsteht Fülle?

Fülle entsteht durch Annahme!

Zuerst einmal in der Annahme des Todes, was gleichbedeutend ist mit der Annahme der Lebensspanne bzw. Dauer eines Menschen. Hat man das angenommen, geht es immer nur ums Leben selbst. Das Leben zu betrachten, es lernen zu verstehen. Jeder Tag, jede Minute bekommt dadurch so eine starke Energie von Wertschätzung, die einfach unvorstellbar ist.

Leute, ich will gar nicht immer nur glücklich sein, ich will leben und das volle Kanne. Ich will auch mal traurig sein, ich will auch mal Schmerz erleiden, ich will auch mal verletzt werden, ich will Fehler machen. Ich will nicht immer nur reich sein, ich will auch mal arm sein.

Es gibt so viele Dinge, die ich erfahren möchte und ich finde es super geil!!!

Denkt mal darüber nach.

Menschen schauen auf alles Mögliche, doch nicht auf das Wesentliche!

Dein Kopf ist leer...

... nichts fällt dir gerade zu, keine innovativen Gedanken sind zugegen!

Du bist müde, suchst Ruhe und Schlaf. Du spürst deine einzelnen Muskeln und Wehwehchen melden sich, die dich schon seit langer Zeit in Ruhe gelassen haben.

Ein Zustand, der dir nicht wirklich erscheint, weil du ihn nicht mehr gewohnt bist.

So lange warst du auf der Überholspur des Lebens unterwegs, schafftest Dinge, die viele bewegten und die geerntete Euphorie darüber, ließ dich immer weiter und weiter gehen.

Bis zu diesem Punkt!

Und du verstehst diesen Punkt nicht! Du überlegst, was du tun kannst, um dich selbst schnell wieder in die Spur zu bekommen...

Doch solltest du das?

Du hattest bereits viel erreicht, viel bewegt, viel erlebt und viel gelernt. Du fühltest dich auf einer Welle, auf der du durch das Leben gesurft bist, in einer

Leichtigkeit, die Seinesgleichen sucht. Und es ist dabei einfach nur menschlich, dass du nicht auf die Idee kommst, eine Pause einzulegen. Und ja, das darfst du dir eingestehen, dass du bis heute dann doch das eine oder andere mal die Signale deines Körpers übergangen hattest.

Aber man kann nicht nur in einem ständigen Flow leben, durch ausgeschüttete Endorphine jeden Tag das Glück auf Erden genießen. Es gilt auch einmal eine Pause zu machen.

Dein Körper weiß das, denn er ist ein sich abnutzendes Gefäß, was gepflegt werden möchte. Du wusstest das bestimmt auch, nur war dir etwas anderes permanent wichtiger.

Daher ist es auch nun keine Botschaft mehr, durch die dein Körper mit dir kommunizieren möchte. Mittlerweile ist es ein Befehl und du tust gut daran, dich diesem zu beugen. Es ist jetzt, wie es ist und so lange es jetzt auch dauern mag, respektiere und akzeptiere es!

Jetzt lernst du die nächste Zeit einmal nichts, bewegst einmal nichts, produzierst und gestaltest einmal nichts! So sehr du das auch möchtest, dein Körper sagt dir gerade deutlich Nein und du brauchst ihn noch, für so viele innovative Aktionen deinerseits, die dir alsbald schon wieder zufallen werden.

Verstehe, du und dein Gefäß, lebt in ständiger Synergie zueinander. Ihr seit einander abhängig!

Deine Beweggründe mögen nobel sein, der Welt dienen...

... doch ein Spediteur ohne jeglichen fahrbaren Untersatz, ist der dann eigentlich noch ein Spediteur? Oder was ist er dann? Vielleicht die personifizierte Weisheit, der jegliche Möglichkeit verwehrt bleibt, diese anderen zugänglich zu machen? Würde das denn Sinn ergeben?

Es gibt nicht nur psychische, sondern auch physische Burnouts!

Also hinlegen, Klappe halten und die Dinge annehmen, wie sie sind!

Ich gönne es dir und du, solltest es dir auch gönnen!

Ruhe

In einer Welt, in einer Gesellschaft, die sich selbst immer mehr unter Druck setzt durch eine Generation, die sich über höher, schneller, weiter definiert...

... reagieren immer mehr Menschen nur noch auf Reize.

Wer am lautesten schreit, der wird gehört, so mag man meinen...

Selbständiges und eigenständiges Denken scheint immer mehr auszusterben.

Für eine verantwortungsvolle Suche nach einer Information, hat der Mensch von heute, selbst in Zeiten von Google, kaum noch Zeit.

Er rennt und rennt, getrieben, verfolgt von Ruhe. Wie ein leibhaftiger Glaubenssatz, rennt der Mensch von heute mit all seinen Konditionierungen, Dogmen durch die Welt.

Mit tausenden von Knöpfen, die man nur geschickt drücken muss, um ein scheinbar eigenständiges Wesen wie den Menschen innerhalb eigener Interessen gefügig zu machen.

Durch gezieltes Diskreditieren im Domino-Effekt lassen sich heutzutage ganze Gesellschaften beeinflussen und lenken.

Ist es wirklich ein Resultat unzureichender Bildung, dass immer mehr Menschen ihr erlerntes Wissen nicht mehr anzuwenden wissen?

Den Unterschied zwischen Intelligenz und Kompetenz wird immer schwammiger.

Eine Gesellschaft, die millionenfach "Indianer" im Hamsterrad heran gezüchtet hat, darf sich selbst hinterfragen, jeder Einzelne darf das tun.

WER BIN ICH ÜBERHAUPT?

Eine Frage, die sich außerhalb von Ruhe nicht beantworten lässt.

Scheinindividualismus und komplette Manipulierbarkeit haben nichts mit Authentizität zu tun!

Wer möchte man sein? "Häuptling" oder "Indianer"?

Wer soll das eigene Leben bestimmen? Man selbst oder ein Anderer?

Der/Die böse Ex...

Man kann diese Aussage zwar nicht zu 100% pauschalisieren, aber ich würde schon sagen, dass sie gesellschaftlich fast einem Phänomen gleicht. Natürlich mag es sein, das der/die Ex ein Bösewicht war und einen verletzt hat hat oder einem etwas Schlimmes angetan hat...

... aber doch nicht Alle!

Breit angelegt kann man von einem Selbstliebe/Ego-Problem sprechen, denn entweder spricht man von seinem Ex dankend, wertschätzend, liebevoll, was die absolute Minderheit wäre, oder aber man diskreditiert ihn immer ganz grundsätzlich.

Warum?

Da wäre sicherlich erst einmal das Ego des neuen Partners zu benennen. Dieser will ja hören, dass man alle anderen nie so geliebt hat wie ihn, das es im Bett noch nie so schön war wie mit ihm usw. und das Interessante daran ist, das er tatsächlich denkt, diese Worte hätte nur er allein jemals gehört.

Das Ego spielt innerhalb dieser Spielchen sowieso fast immer mit. Der Mensch möchte nun einmal immer das Optimum sein. Ob nun für 50 Jahre, 2 Jahre oder 2 Wochen.

Und hier geht es breit gesellschaftlich um riesige Probleme in der Selbstliebe.

Seine Schokoladenseite zeigt man nur allzu gern, ein Kartenhaus was immer wieder aufs Neue und von vorn aufgebaut wird. Man diskreditiert den Ex-Partner, auch um eine große Grenze zu schaffen zwischen dem Neuen und dem Alten. Der neue Partner wird dem Alten so voreingenommen sein, dass zwischen diesen Beiden eine Kommunikation von vornherein auszuschließen ist. Denn womöglich sagt der Alte etwas, was die Schokoladenseite ankratzen würde oder zumindest befürchtet man so etwas.

Und so werden Menschen von Menschen, mit denen sie einmal sehr nah waren, buchstäblich entsorgt. Man verliebt sich und entliebt sich, es geht zu wie auf einem großen Buffet, wo man irgendwann mal irgendetwas anderes isst. Doch zu sagen, was man sich die ganze Zeit davor rein geschlungen hat geht gar nicht und schmeckt schlecht, das ist Quatsch. Das glaubt einem ja kein Mensch, wenn man einmal etwas genauer darüber nachdenkt.

Man braucht sich nicht zu wundern, das gesellschaftlich ein Bild über die Liebe entstanden ist, als wäre sie ein reines Verbrauchsgut. Sie ist auch nichts anderes als ein Spiegelbild zur Gesellschaft selbst und Millionen Menschen beklagen sich darüber, handeln aber wie oben beschrieben.

Was man dabei verstehen darf ist, das ein "Braucher" jeweils einen "Braucher" anzieht. Das bedeutet, jeder dieser Beiden zieht aus dem Anderem das, was er braucht raus, bis diese Energie entweder versiegt ist oder man sie nicht mehr braucht.

Die Liebe aber ist eine ausschließlich gebende Energie. Bedeutet, ein "Geber" zieht einen "Geber" an und die Selbstliebe ist dafür eine Grundvoraussetzung, denn ansonsten lässt sich nicht geben. Viele denken das, doch sagt man meist "Ich liebe dich" nicht in gebender Haltung, sondern um diese Worte zurückzubekommen, weil das eigene Minderwertigkeitsgefühl sie braucht. Gibt man aber nur und hat einen "Geber" angezogen, dann gibt dieser auch nur und die Liebe verbraucht sich nicht.

Beziehungen sind die große Spielwiese von Erfahrungen, die wir machen und das ist auch gut so. Jeder Partner hatte sowohl seinen vorher liegenden Grund, warum man ihn überhaupt erst angezogen hat, als auch seinen Sinn!

Kann man sich ja einmal die Frage stellen, was man

wohl ohne gewisse Partner heute darstellen würde, so mies der Partner auch gewesen sein mag.

Doch Selbstreflexion und Wertschätzung sind gesellschaftlich seltene Attribute.

Und das ist traurig!

Es gibt so Abende, da sitzt man einfach nur vor seinem Computer und schreibt seine Gedanken nieder. Ich genieße diese Abende, es ist als ob ich mich dabei mit Jemandem unterhalten würde, doch es ist ganz still und die volle Aufmerksamkeit gilt mir selbst.

Es war eine sehr anspruchsvolle Woche und ich bin müde. Auch müde von diesem ganzen Schrott, der einem widerfährt, den man mitbekommt und ich denke mir ok, es ist ja meine Entscheidung gewesen, täglich meine Tür zu verlassen und mich der Welt zu stellen. In welcher Form auch immer. Und nein, ich muss es nicht tun, aber ich will es. Auch wenn es mich manchmal müde macht.

Ich habe schon viele Dinge in diesem Leben erlebt, die nicht schön, die schmerzhaft waren. Aber ich habe auch schon viele wunderschöne Dinge erlebt und dieses Erleben wird mir nur ermöglicht, indem ich hier durch diese Tür gehe, immer und immer wieder.

Und dann tue ich irgendetwas, erzeuge dadurch immer wieder aufs Neue, neue Situationen! Früher habe ich viel darüber nachgedacht, ob ich mich eigentlich großartig darum kümmern sollte, was man so alles tut. Irgendetwas tut man ja immer und ganz gleich, ob das nun gut oder schlecht ist, es erzeugt wieder eine neue Situation.

Ich finde das faszinierend.

Man kann ja manchmal denken was man will über mich, der Uwe Feitisch ist doof, den mag ich nicht, weil... und bevor ich darüber nachdenke, ob das jetzt wahr ist oder nicht, darf es doch eigentlich sogar wahr sein. Vielleicht bin ich heute ein Arsch, damit ich die Möglichkeit bekomme, es morgen nicht mehr zu sein, wer weiß das schon?

Ich weiß noch, wie ich mein erstes Buch "Zurück in die Liebe" schrieb, es waren Abende wie heute und ich schrieb über mich, mein Leben, meine Familie, oder das Leben nach dem Tod und empfand es wie ein großes Abenteuer, einmal zurückzublicken, zu reflektieren und es aufzuschreiben. Wie wenig es doch alles kompliziert sein muss. Das Leben ist letztendlich so leicht zu verstehen.

Schau auf DICH!

... damit hast du erst einmal genug zu tun!

Klar, du meinst vieles, was dich berechtigen würde, dich über andere Menschen zu stellen...

... doch alles, was du so alles meinst, ist ganz allein deine Perspektive!

Klar, der Arbeitskollege... der geht schon wieder eine rauchen und weil du Nichtraucher bist, bist du auch automatisch um so viel produktiver. Und es wird nicht gesehen... und etwas in dir schreit nach Gerechtigkeit! Du schwärzt ihn beim Chef an, was er doch nur für ein fauler Kollege sei... und ja, vielleicht hört der Chef ja sogar auf dich, schmeißt deinen Kollegen raus und befördert dich sogar.

Doch in der Regel passiert das Gegenteil. Dein Chef nimmt wahr, in welchem Mangel Zustand du dich bewegst. Wie wenig an Selbstwert und Selbstvertrauen du hast.

Du denkst es war dein Gerechtigkeitssinn, der dich einschreiten ließ???

ES WAR DEIN EGO!

Dein Ego, nichts weiter. Gerechtigkeit? Deine Perspektive von Gerechtigkeit geht immer wieder zu dir. Weil du im Mangel lebst und alles immer ja so sehr verdient hättest. Du willst schließlich auch mal dran sein, oder?

Gerecht ist also alles, was zu dir kommt... und was von dir weg geht, ist ungerecht!

Du willst Menschen helfen? Aus Liebe? Und weil du so bewusst bist und sie nicht?

... es fragt dich aber Niemand um deine Hilfe, und nun? Da fängt der Bauch an zu grummeln, oder?

Jetzt bist du schon so weise und so bewusst... und niemand will das wissen? Niemanden interessiert das? Was nun? Ach so ja, du wolltest ja Menschen helfen... Aus deiner Perspektive eine absolut noble Geste gegenüber der Menschheit, die dir natürlich auch das Recht einräumt, notfalls auch mit dem Hammer auf die all so unbewussten Schafe einzuprügeln, damit sie von dir lernen dürfen...

Lerne du lieber von ihnen! Denn um zu lernen brauchst du nichts weiter als deine Umgebung und dein Umfeld. Dort lernst du alles, was für dich wichtig ist. Das, was du um dich herum hast, nennt sich Leben. Es ist alles enthalten.

Schlusswort

So, ihr lieben Leser, nun sind wir am Ende dieses Buches angelangt.

Ich hoffe, ich konnte euch wertvolle Impulse zum Thema Selbstliebe, aber auch der Liebe selbst geben, die in euch vielleicht eine Tür zu öffnen können. Mehr kann ein Autor nicht tun. Daher lasst euch nicht beirren, wenn es im Buch auch manchmal wie ein "Arschtritt" und einem "Tu dies, tu das!" auf euch wirkt. Ich habe es schon extra so geschrieben, mal mehr, mal weniger druckvoll. Das ist meine Art und mein Stil. Dennoch tut nie etwas blind, nur weil ich oder ganz allgemein ein Dritter, es euch so gesagt hat.

Lest meine Worte und wenn ihr der Meinung seid, es könnten auch eure Worte sein, dann habe ich eine kleine Brücke bauen können und genau das war mein Vorhaben dabei. Mir liegt dieses Thema der Selbstliebe so am Herzen, weil ich wirklich überzeugt davon bin, zumindest eine Begründung für diese Welt gefunden zu haben. Und ja, es gibt auch mir ein Gefühl davon, zumindest irgendetwas zu tun.

Ferner habe ich wiederum den Verlag "BOD" gewählt, weil ich mich dort frei fühle. Ja, das Buch ist dadurch sicherlich etwas teurer in der Herstellung, als bei einem großen Verlag. Dieser hat für mich, so wie ich auch in der Zukunft als Autor und Schriftsteller auftreten möchte, mehr Nachteile als Vorteile. Ich hoffe ihr Leser versteht das.

Lektorat und Formatierung hat dieses Mal mein Sohn Julian übernommen, er ist 19, daher seht es ihm nach, wenn er nicht jeden Fehler gefunden hat. Ich hatte in der Vergangenheit auch andere Lektoren gewählt, professionell und sogar aus dem Ausland, einzelne Fehler wurden dennoch gefunden. Und da habe ich mir gedacht, meine Bücher gemeinsam mit meiner Familie zu gestalten, ist einfach sowieso ein so schöner Gedanke, dass ich diesen auch in der Zukunft weiter forcieren möchte. Schließlich geht es mir ja auch in meinen Büchern um das Miteinander mit den Lieben.

Als nächstes Buch wird höchstwahrscheinlich "Mysterium Wahrheit II" folgen. Eine Buch-Reihe, die diesem Buch sehr ähnlich ist und die ohne weiteres an dieses Buch anzuknüpfen ist. Wenn ihr also neugierig seid, noch nicht genug habt vom Lesen, dann empfehle ich euch gern diese Buch-Reihe, die auch weiterlaufen wird.

Ich wünsche Euch alles Liebe

Euer Uwe Feitisch

Danksagung

Danken mag ich dem Leben selbst, wie es auch manchmal verlief. Mal war man oben, mal war man unten und dennoch bekam ich die Möglichkeit, für viele Menschen Bücher zu schreiben. Ich sehe das durchaus als Geschenk und als Privileg an.

Ferner möchte ich mich bei meinem Sohn Julian Pomadt und Sion Zipperling bedanken, die wie schon im Schlusswort beschrieben, Formatierung, Lektorat und Grafik übernommen haben.

Danke, wieder einmal, an meine gesamte Familie, an meine Freunde.

Ein besonderes Danke auch an meine vier Administratorinnen Jessica Böhm, Dr. Andrea Teutenberg, Michaela Ruster und Yvonne Zett. Es ist unglaublich, wie viel Arbeit ihr mir doch das ganze Jahr über abnehmt. Wenn ich euch nicht hätte...

Im Grunde könnte ich noch so viele Menschen aufzählen, die mir einfach nur gut tun.

Danke an euch alle!

Ihr seid einfach toll!

Buchempfehlung

UWE FEITISCH

MYSTERIUM WAHRHEIT

I

IST ES SO, WIE ES SCHEINT?

Zahleiche Ereignisse und Situationen im Leben, werden über Glaubenssätze wahrgenommen, die über Eltern, Umfeld und Gesellschaft weitergegeben wurden. Doch stimmen sie auch? Wurden sie denn bereits einmal überprüft und reflektiert? Auf Grund dieser Glaubenssätze sind Menschen traurig, verletzt und leben ein Leben, in dem der Blickwinkel vom Mangel, weit über dem der Fülle angesiedelt ist. Doch in der Regel lebt man in Missverständnissen zu sich selbst, wodurch der Weg in die tatsächliche Authentizität in weite Ferne rückt.

Besucht gern einmal meine Facebook-Seite

Schaut auf Youtube, wenn ihr mögt

oder besucht mich unter

www.uwe-feitisch.de